# 女主临朝

武则天的
权力之路

胡戟 著

岳麓书社·长沙

**图书在版编目（CIP）数据**

女主临朝：武则天的权力之路 / 胡戟著 . — 长沙：岳麓书社，
2024.5
ISBN 978-7-5538-2000-2

Ⅰ . ① 女… Ⅱ . ① 胡… Ⅲ . ① 武则天（624 - 705）—传记
Ⅳ . ① K827=42

中国国家版本馆 CIP 数据核字（2023）第 245858 号

NÜZHU LINCHAO: WU ZETIAN DE QUANLI ZHI LU

# 女主临朝：武则天的权力之路

作　　者｜胡　戟

出 版 人｜崔　灿

责任编辑｜刘书乔　田　丹　孙　林

特约编辑｜李江华

责任校对｜舒　舍

书籍设计｜甘信宇

营销编辑｜谢一帆　唐　睿　向媛媛

岳麓书社出版发行

地址｜长沙市岳麓区爱民路 47 号

承印｜长沙鸿发印务实业有限公司

开本｜880mm x 1240mm 1/32　印张｜10.5　字数｜214 千字

版次｜2024 年 5 月第 1 版　印次｜2024 年 5 月第 1 次印刷

书号｜ISBN 978-7-5538-2000-2

定价｜88.00 元

如有印装质量问题，请与本社印务部联系

电话｜0731-88884129

武则天（清人绘）

《唐后行从图》（局部）

反弹琵琶图（敦煌第 112 窟）

古代洛阳城（壁画）

懿德太子墓壁画《阙楼仪仗图》（局部）

懿德太子墓壁画《架鹞戏犬图》

永泰公主墓壁画《观鸟捕蝉图》

# 写在前面

# 说不清的武则天

武则天是一个富有历史魅力的名字。一千三百余年来，人们对她是非曲直的争论喋喋不休，褒美和贬詈的用语，都已到了无以复加的地步。在中国古代历史的研究中，似乎还没有另一个人物能使历史学家们有如此相悖的评价。矗立在乾陵唐高宗述圣记碑旁的那块武则天的无字碑，好像就是有意要挑逗起这场争论而一字不镌。这真好极了！给历史留下了一个值得研究的题目，显然比杜撰一个结论去让人记诵，会更有价值。

经验表明，对任何一个经历复杂的重要历史人物，要在"盖棺"时作"论定"是办不到的，更何况是这么一位中国正统王朝史上独一无二的女皇帝。

历史不只是胜利者的宣传，在我国以史为鉴的传统文化氛围下，一切不合后来统治者需要的历史都被改写过。既然不知自渺茫幽冥的远古时代哪一天起，华夏的大地和天穹上已结结实实镌刻下了"男尊女卑"四个大字，青史就再容不得一个有成就的女皇帝堂皇公平地留驻。虽然她曾空前绝后地在孔孟之道已经流传千年的文明古国里脱颖而出，但历史的迷雾和那段本来就充满了传奇和神秘色彩的历史，使我们今天已难明其真面目。要澄清被恣意夸大和渲染过的史实，洗去泼在她身上的污水，恐怕要比清除敦煌壁画上的千年烟尘污渍更难。同时，作为一个在后宫争宠的昭仪和占据皇位可以滥施淫威的女帝，武则天的性格也有独裁君主残忍荒暴的一面。要鉴别诠释这类充斥于史书小说的材料，给她以切实的揭露批判，全面评价其政治，亦绝非易事。

史学家们正确地认定了自己的首要任务：逐个找出被篡改的史实，一一加以纠正，将被颠倒的历史颠倒过来。不言而喻，哪怕只是澄清一个很具体很细小的问题，也要花费极大的工夫。正如一位法国历史学家所说，"无疑，历史知识的这种真实性或许是一种理想"，但"至少，历史总该是为接近于真实而作出的最严肃、最有步骤的努力的结果"。①

笔者并不敢抱把武则天生平许多事情说对和说清楚的奢想。

---

① 亨利－伊雷内·马鲁：《历史如同知识》，载田汝康、金重远选编：《现代西方史学流派文选》，上海人民出版社，1982年，第72页。

武则天的历史魅力就在她已是一个不容易，甚至是不可能完全看透的历史人物。人们常常习惯在持褒、持贬或有褒有贬的史家间徘徊选择自己的立场观点，其实不妨先花力气做一点摹写、复原历史本来面目的有趣尝试，在更多地了解她、理解她的基础上去思索和争辩，考验知识，收获智慧，增长撩拨历史迷雾的能力。

四十多年来，武则天这个使人魂牵梦萦的题目耗去了我不少的心力，而我乐此不疲的原因，是至今还有许多疑点需要用自己鄙陋的理解去弥补有关史料的不足和歪曲，尽管连"武则天皇帝原来的名字是什么"这么简单的问题，现在也无人能说上来，我还是想在本书中对与这个历史人物有关的一些疑问和争论做出自己的回答。令人鼓舞的前景是，她还有一座规模宏大的、据信是没有被盗掘过的陵墓——乾陵存世，就像一张没有亮出的底牌，当这座文物宝库终有一天被打开的时候，一切关于她的无知妄说将受到无情的奚落，而研究家们的真知灼见被新史料证实时将大放异彩。相信自陈寅恪以下，从汪篯、林语堂、郭沫若到熊德基、雷家骥，从菲茨杰拉德、崔瑞德到原百代、气贺泽保规，二十余部武则天传记和约四百篇专论的作者，每一位潜心研究过武则天的学者，无不热切盼望自己能嗅到"思想——人间最美丽的花"绽放出的令人心醉的芳香。

五十二载忍辱负重终成一代女皇，

三十一年临朝执政褒贬任人评说。

# 目录

　　武德七年（624）正月二十三日，即
624年2月17日，武则天诞生在长安（今
陕西西安市）。①父亲武士彟（577—635），
官拜正三品工部尚书，封应国公。生母杨
氏（579—670），出身名门，其父杨达是隋
朝宗室宰相。这是大唐京城里的一个达官
贵人家庭。

　　传说武则天在襁褓中时，精通相术的
袁天纲路过利州时曾到武士彟府第替一家

---

　　① 生年按《则天皇后实录》《资治通鉴》所
记享年82岁推。生日暂按广元传说。关于出生地，
郭沫若撰文《武则天生在广元的根据》，载《光明
日报》1961年5月28日；李树桐：《武则天出生
时地考》，《大陆杂志》第73卷第1期，认为其生
于扬州。按武德七年（624）三月起李靖任扬州大
都督府长史，武士彟继任在八年（625）李靖改任
安州大都督之后。若武则天是武德七年出生，则出
生地应是长安。

人看相。这时长得"日角龙颜""神色爽彻"的武则天穿着男孩子衣服，正被乳母抱在怀里。袁天纲走近端详一番，又让她下地试行几步，大惊道："此郎君子龙睛凤颈，贵人之极也。"又说："若是女，当为天下主也。"① 不论载入正史的这段看相故事是否无稽之谈，后来这个襁褓中的女主人公，确实成了天下之主，当了中国的女皇帝。

武则天的家庭出身对她后来的发迹和一生的政治性格有深刻的影响。

武士彟先世的事迹，唐以前史书俱不载，武则天以后的材料，包括长安元年（701）武则天敕立的《攀龙台碑》② 在内，多虚美之辞，唯《太原事迹》透露一点武士彟起家的真实情况，说他：

> 太原文水县人，微时与邑人许文宝以鬻材为事，常聚材木数万茎，一旦化为丛林森茂，因致大富……及高祖起义兵，以铠胄从入关，故乡人云：士彟以鬻材之故，果逢构夏之秋。③

---

① ［宋］李昉等编：《太平广记·相四·武后》，中华书局，1961年，第1720页。

② 碑在文水已没，文见周绍良主编：《全唐文新编》卷二百四十九，吉林文史出版社，2000年，第2795页。

③ ［宋］李昉等编：《太平广记·征应三·武士彟》，中华书局，1961年，第986页。

　　另外，敦煌卷子 S. 6502 及 S. 2658《大云经神皇授记义疏》谓武氏先世之姓氏为北方羽姓，柳存仁认为"此即史传所谓北朝胡姓也"，武则天之先世"亦即北朝时有汉族以外血统之家庭"①。联系旧题柳宗元撰的《龙城录》关于武则天高祖武居常容貌的描写："人呼为'猴颊郎'，以居常颐下有须，若猿颔也。"武则天的族属也成为扑朔迷离的谜。

　　大致武士彟先世不显。他长兄武士稜"勤于稼穑"，在家务农，后来官拜司农少卿，"常居苑中，委以农圃之事"②，是用其所长，和武士彟经营过木材，便做了工部尚书一样。早年武士彟走过请镇守太原的汉王杨谅引荐的门路。汉王反叛失败，武士彟受连累亡匿，改做木材生意，武家这才致富，是他抓住了隋炀帝大业年间到处大兴土木的发财机会。既"家富于财，颇好交结"③，后来弄了个晋阳宫留守司铠参军的职务，因此有缘结识后来成为李唐开国皇帝的李渊。

　　大业十一年（615），李渊出任山西河东抚慰大使，翌年为太原留守，武士彟随之参与征讨历山飞等反隋武装，"行军于

---

　　①［澳］柳存仁：《武则天先世来原之推测》，载《中华文史论丛》1987 年第 2、3 期合刊，上海古籍出版社，1987 年，第 104 页。

　　②［后晋］刘昫等撰：《旧唐书》卷五十八《武士彟传附士稜传》，中华书局，2011 年，第 2317 页。

　　③［后晋］刘昫等撰：《旧唐书》卷五十八《武士彟传》，中华书局，2011 年，第 2316 页。

汾、晋，休止其家，因蒙顾接"[1]，引为司铠参军。武士彟"尝夜行，闻有称'唐公为天子'者，登遣寻索，了无其人。又梦从高祖乘马登天，俱以手扪日月，于是具以状白，并献所撰兵书"[2]，此兵书即《古今兵要》三十卷。晋阳起兵后授中郎将兼司铠参军。霍邑之役，得封爵寿阳县公。从平京城，迁光禄大夫，封太原郡公，赐宅一区，钱三百万，彩五千段。武德元年（618）八月六日诏表彰十六名"太原元谋勋效者"，武士彟位居第十二，俨然厕身于太原元从功臣之列。[3]

细论起来，武士彟在晋阳起兵前态度有些骑墙。一方面，"尝阴劝高祖举兵，自进兵书及符瑞"[4]，同时又受到隋炀帝派来监视李渊的副留守王威、高君雅的信任。当时李渊借口讨伐刘武周，任用避役亡命在太原的长孙顺德、刘弘基募兵，王威、高君雅认为事属可疑，私下和武士彟商议追究，士彟以"此并唐公之客也，若尔，便大纷纭"，劝阻王、高的行动。李渊得天下后，武士彟讨好新皇帝说："尝梦高祖入西京，升为天子。"

---

① ［后晋］刘昫等撰：《旧唐书》卷五十八《武士彟传》，中华书局，2011年，第2316页。

② ［唐］李峤：《攀龙台碑》，载《全唐文新编》卷二百四十九，吉林文史出版社，2000年，第2797页。

③ ［宋］王钦若等编纂：《册府元龟》卷一百三十三《帝王部·褒功第二》，凤凰出版社，2006年，第1465页。

④ ［后晋］刘昫等撰：《旧唐书》卷五十八《武士彟传》，中华书局，2011年，第2317页。

被李渊奚落了一顿："汝王威之党也。以汝能谏止弘基等，微心可录，故加酬效；今见事成，乃说迂诞而取媚也？"①不留情面地揭露他想左右逢源的两面派嘴脸。对此，李渊早有认识和警惕，晋阳密谋起兵之事，李渊就没让他参与。他的元从功臣身份，甚至招致一些史家怀疑，王鸣盛提出："士彟之于高祖，不过旧故承恩泽耳，何足以言功臣？"②宋德熹以为"王氏此说诚是"，"武士彟此种不切实际的'功迹'八成是假"，认为是许敬宗窜改《高祖实录》所致。

无论如何，李渊既曾出入文水武士彟家，有些老交情。后来武士彟又作为行军司铠参军，当军需官跟随他进军长安，所以李渊一直待他不薄。尽管武士彟没有什么可以夸耀的戡难功劳，仍以故旧承恩泽，忝名功臣。仕唐以后的表现令皇帝非常满意，唐高祖有敕："此人忠节有余，去年儿夭，今日妇亡，相去非遥，未尝言及，遗身殉国，举无与比。"③于是亲自做媒替他续弦。大约在武德三年（620），武士彟原配夫人相里氏过世。

---

①［后晋］刘昫等撰：《旧唐书》卷五十八《武士彟传》，中华书局，2011年，第2317页。

②［清］王鸣盛：《十七史商榷》，上海书店出版社，2005年，第754页。赵翼《陔馀丛考》亦批评旧传："何得入功臣传？"

③［宋］王钦若等编纂：《册府元龟》卷六百二十七《环卫部·忠节》，凤凰出版社，2006年，第7252页。

顺陵（武则天生母杨氏之墓）

唐高祖择定小武士彟两岁的杨氏后，命嫁给杨氏堂弟杨师道未久的桂阳公主为婚主[1]，撮合了这门孕生武则天的婚事。

杨氏的父亲杨达是隋文帝族子，观德王杨雄的小弟，杨素盛赞他"有君子之貌，兼君子之心"[2]，是杰出人才。他曾参与隋文帝和独孤皇后陵墓的营建，又以纳言领营东都副监，大业中死于征辽军中，继以隋亡，这宗室宰相之家的地位大不如前。杨氏竟以年逾四十的老姑娘之身成为武士彟继室，并为他生下三女，武则天行二。

虽然外祖父家是关中军事贵族的重要成员，武则天的血统里有高等士族弘农杨氏——可能是伪冒——的成分，但当时的

① 《攀龙台碑》称"高祖自为帝婚主"，此从《顺陵碑》，即《大周无上孝明高皇后碑》，载《全唐文新编》卷二百三十九，吉林文史出版社，2000年，第2704页。

② ［唐］魏徵等撰：《隋书》卷四十三《观德王雄传附杨达传》，中华书局，1973年，第1218页。

门第是按父亲论的，武士彟的出身不过是一个林业富商。他作为开国功臣，官居三品，爵封三等，以"今日冠冕而论"，可以跻身士族，但唐太宗贞观十二年（638）修的《氏族志》并"不叙武氏本望"[①]，仍按传统的门阀观念，把武则天家族排斥在外。难怪连突厥人都称："武氏，小姓。"默啜可汗之女拒绝武则天的侄孙武延秀"罔冒为婚"[②]，认为武姓的王爷不配与可汗攀亲。骆宾王的《代李敬业（即徐敬业）传檄天下文》指斥她"地实寒微"并非滥言。

　　家庭给予武则天的，一方面是当时宦游于上流社会的荣华富贵，另一方面是过去沉迹于下层民间的寒门根底。荣华富贵滋养了她无限的权势欲，寒门根底使她饱受流俗的鄙视攻击。在一个极重阀阅的门阀社会里，她这样寒门新贵出身的人，前途是坎坷有限的，正像在一座打开了的希望之门前横着几是无法逾越的障碍。这境遇刺激着武则天，她那追逐最高权力要支配一切的欲望，和为此冷酷不择手段地报复一切的独特的女皇性格，在人性和命运的冲突和交互影响中逐渐养成。

---

　　①［宋］司马光:《资治通鉴》卷二百显庆四年六月条，中华书局，1956年，第6315页。

　　②［宋］王溥:《唐会要》卷九十四《北突厥》，中华书局，1955年，第1692页。

# 二　广元流韵：

## 第二故乡的不尽怀念

　　位于静静的嘉陵江畔的广元，留下了武则天的芳踪逸闻，这是当地父老迄今津津乐道的一段往事。孩提时代的武则天，曾跟随出任利州都督的父亲，在广元度过了一段美好的童年生活。

　　武士彟随李渊军进长安后，初任库部郎中，从五品，还是管兵甲器仗的军需官。武德元年（618）后擢升府兵将领。任井铖将军时，儿子病殁，他没顾上照应；任检校右厢宿卫时，妻子病危，竟不请假照看。对唐室十分尽职，忠心可嘉。擢为三品工部尚书，封应国公。相里氏去世后，李渊亲为求偶。武士彟娶杨氏后，也就和李唐皇室攀上远亲，由已改醮杨氏堂弟杨师道的桂阳公主论起来，武士彟便是唐高祖女婿的堂姐夫，因此而更见亲委。

武德七年（624）三月，唐宗室名将李孝恭平辅公祐，就任扬州大都督，李靖为府长史。后孝恭被告谋反，召还京师。八年（625），李靖统江淮兵北御突厥，改任安州大都督。唐高祖命武士彟以本官检校扬州大都督府长史，紧急驰驿赴任。在扬州年余，太宗继位，征入朝，改任豫州都督。贞观元年（627）正月，李艺（即骁将罗艺）在泾州反，其弟利州都督罗寿坐诛。是年十二月，前任利州都督义安王李孝常在长安密谋宫廷政变，事泄被诛。接连两任利州都督谋反，太宗不能不防范这蜀门重镇还有余党活动。贞观元年（627）武士彟被派去继任都督，当与这两个事件有关。

贞观五年（631）十二月，武士彟仍在利州都督任上，曾以朝集使身份请唐太宗封禅。随即他改任荆州都督，直到贞观九年（635）在荆州听到唐高祖死讯，"奉讳号恸，因以成疾"，"呕血而崩"。① 贞观年间他一直在外，担负镇守一方的重任。

武士彟督利州凡五年，初去时武则天已经是三岁多的女孩子。青青的巴山蜀水，启迪着她童心的智慧。在广元一直保存到 1958 年的梳妆楼遗址，使这个活泼少女的形象依稀留在人们

---

① ［唐］李峤：《攀龙台碑》，载《全唐文新编》卷二百四十九，吉林文史出版社，2000 年，第 2799 页。

记忆中。

武则天母亲杨氏笃信佛教，广元千佛崖等处佛寺那时香火已盛，"神皇幼小时已被缁服"①，小武则天在她母亲带领下经常出入佛门，虔诚的宗教信仰，也种入了她那颗小小的心灵。

千佛崖摩崖造像

金碧辉煌的皇泽寺，是广元最令人瞩目的武则天纪念地，这所保存着武则天雕像的寺院，过去是武氏家庙，现在是全国

———————————

① 引文见伦敦博物馆藏敦煌写本《大云经疏》，参见罗福苌《沙州文录补》。

皇泽寺武氏家庙

重点文物保护单位。

皇泽寺位于嘉陵江西岸江畔，上负悬崖，下瞰清江，和广元县城一水之隔，遥遥相望。尽管由于1933年国民党政府修公路从寺院中殿穿行，造成破坏，加上成渝铁路从这里通过，皇泽寺的规模已大不如前。但五佛亭、小南海、吕祖阁、则天殿和六个窟群四十一龛大小造像一千余尊，布局错落有致，仍旧气宇不凡。

被认为是武则天真容的武后圆雕石像，端坐在则天殿中，头戴花宝冠，双手交于腹前作禅定印，胸饰璎珞，半臂披帛着裙。冠服坐式一如比丘尼，宽额广颐和史籍记载的相貌略合。

武后真容圆雕石像

据《广元县志》，唐时则天殿内便有武后石像，现存是五代时作品，因有毁损，精心妆修过。

"寺内之庙，不知所创之因。古老莫传，图经罕记。"[①]由第九号为中心塔柱式的支提窟和三世佛的造型看，可能始凿于北朝，而后像莫高窟等许多石窟寺一样先开窟，后建寺。最早的纪年文字是见于藏经洞残碑文的"贞观二年"和陈鸿恩《皇泽寺书事碑》的"贞观五年"，正是武士彟在利州都督任上的年代。所以不无可能是他和杨氏自己在这毗邻则天坝的西山石窟崖壁上建造了自己的家庙。石窟寺现存的大部分造像，包括最大的第十龛大佛都是唐代风格，这和武氏一家有什么干系就无从考据了。

1955年修铁路时从该寺吕祖洞前出土《大蜀利州都督府皇泽寺唐则天皇后武氏新庙记》碑一通，是广政二十二年（959）后蜀昭武军节度使李奉虔所立，孟昶撰文。文字涉及武则天处

---

① ［后蜀］孟昶：《大蜀利州都督府皇泽寺唐则天皇后武氏新庙记》，载吴钢主编：《全唐文补遗》第一辑，三秦出版社，1994年，第459页。

皆抬头顶格，备致尊崇。文中还称："其间以水旱灾沴之事，为军民祈祷于天后之庙者，无不响应。"将她奉若神明。碑阴并刻庙基四界，有"则天圣后殿舍四间，对廊四间，挟廊两间"等建筑及置买庙产常住庄田的情况，说明五代时人犹为修"武后新庙"，不绝祭祀。后来皇泽寺之名一直保存到现代，可见武则天在当地影响之深远。

1963 年 5 月，宋庆龄名誉主席为皇泽寺题词："武则天是中国历史上唯一的女皇帝，封建时代杰出的女政治家。"1962年郭沫若院长为皇泽寺则天殿撰写楹联："政启开元治宏贞观，芳流剑阁光被利州。"体现了他对武则天总的评价。

利州武氏故宅后来称报恩寺，隋唐之际达官贵人佞佛，多有舍宅为寺风气，可惜这所可与皇泽寺相映并辉的古迹，今已无处寻觅了。

皇泽寺北里许嘉陵江畔有一川平地，今称上西坝的地方，

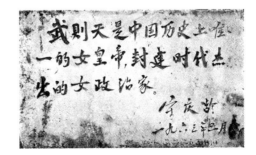

宋庆龄题词

即上述广政碑阴所说"则天坝白沙里"，1954年那里出土南宋宝庆三年（1227）的买地券石刻一方，注明当地仍名"白沙里则天坝"，这是一处以她的名字命名的良田。

广元还有则天乡和像长安一样，以姑婆——民间对武则天的尊称——为名的街巷地名。每逢农历正月廿三，则天坝和皇泽寺龙潭往下的十里江面上，妇女们乘舟游河湾。传说这是"武则天会期"庆祝武则天生日，衍为妇女们欢乐的节日。游河湾的活动一直延续到20世纪中叶，近年人们又经酝酿恢复了这独特的地方性节日。

广元人民对这位历史上毁誉不一的女皇帝始终一往情深地怀念。连武则天的出生地他们也争说就是广元，诚挚地愿望武则天出生在自己美丽的家乡。此说殆自唐代就流传开了。晚唐诗人李商隐《利州江潭作》诗自注"感孕金轮所"，诗描写龙王发情求偶的神态。李商隐依据的是民间关于龙潭的传说：有一天武都督夫人杨氏去潭边玩，忽然潭中跃出一条金龙，和她交欢，杨氏因此有孕而生下武则天。[①] 再早些时候，中唐人著的《谭宾录》记袁天纲为乳母抱于怀中的武则天看相，也是武士彟

---

① 《舆地纪胜》卷一百八十四："则天顺圣皇后庙，在州西告成门外。旧碑云：其母感溉龙而生后，庙旧号则天金轮皇帝。"《唐音癸签》卷二十三李商隐条引《蜀志》："则天父士彟为利州都督，泊舟江潭，后母感龙交，娠后。"

在利州都督任上的事。以后《元丰九域志》更明记："为利州都督，生皇后于此。"①

五代后蜀广政碑略有残缺，郭沫若院长为补后三字，成"贞观时，父士彟为都督于是州，乃生后焉"。郭院长为他这位意中的小同乡做如此补阙的心情不难理解，但究竟如何，却引起史学界一场争论。史籍有关武则天终年的记载，或八十一岁，或八十二、八十三岁，都没有小于八十岁的。由神龙元年（705）上推，为625、624或623年，都在武德中而不可能到贞观以后。武德末利州都督先后是李孝常、罗寿，武士彟是贞观元年（627）才到任的，这些都是可以弄清

广政碑

———————

① ［宋］王象之：《舆地纪胜》卷一百八十四利州官吏条引《九域志》，中华书局，1992年，第4741页。

楚的。所以武则天是不可能先于其父到利州任职时生在那里的。只是广元人悉心保存了武则天的遗迹，并一心和她攀乡党而不容人置疑的心情令人深省。每一个想评论武则天的历史学家，不妨先沿着古蜀道去广元感受一下这种现实的历史感情。

贞观九年（635）武士彟死在荆州都督任上。武士彟前妻相里氏生下的两个儿子武元庆、武元爽和他们的叔伯兄弟武惟良、武怀运等，对杨氏刻薄无礼，武则天母女四人孤立无援，孤女寡母在长安过了一段很不惬意的生活。

贞观十年（636）六月，唐太宗贤惠的长孙皇后去世。次年，他听说武则天"美容止，召入宫，立为才人"①。年仅十四岁的武则天离开娘家，步入深宫。临别，母亲杨氏"恸泣与诀"，武则天小小年纪却自有主意，"后独自如，曰：'见天子庸知非福，

①〔后晋〕刘昫等撰：《旧唐书》卷六《则天皇后纪》，中华书局，2011年，第115页。

何儿女悲乎？'"① 她心里充满着对宫廷神秘生活的憧憬，很乐意脱出了受异母兄长们冷眼的逆境。

武则天作为唐太宗才人的事迹记载甚少，只有一个故事说：

> 太宗有骏马曰"师子骢"，极猛悍，太宗亲控驭之，不能驯。则天时侍侧曰："惟妾能制之。"太宗问其术，对曰："妾有三物，始则捶以铁鞭，不服，则击以铁挝，又不服，则以匕首断其喉尔。"②

如果这故事是实，对少女武则天真当刮目相看。但看来性格英烈刚毅的唐太宗并不欣赏一个女孩家也有这样的铁石心肠。他更钟爱的是长孙皇后那样文静谦和的女性。这个当初他亲自赐号"武媚"的女子心狠手辣，徒有妩媚的外貌。

唐太宗膝下子女成群，长孙皇后和后宫嫔妃十余人给他生了十四子二十一女共三十五个孩子，晚年犹不断得子。武则天也是很能生养的，跟了唐高宗以后，头三个孩子是两个年头里挨着生下的。但是武则天这一次进宫十二年，却没有生育，推

---

① ［宋］欧阳修等撰：《新唐书》卷七十六《则天武皇后传》，中华书局，2011 年，第 3474 页。

② ［宋］罗大经：《鹤林玉露》乙编卷之六《师子骢》，中华书局，1983 年，第 224 页。

测她当年在宫中是很少有亲近唐太宗的机会的。从她当太宗才人十多年没有晋升来看，她确似很不得宠的。

才人正五品。唐初后宫大致继承了过去三妃、九嫔、二十七世妇、八十一女御的制度，皇后以下有三妃、九嫔、婕妤、美人、才人和宝林、御女、采女。才人是低级内官，"掌序燕寝"，即管食宿等事的侍妾身份，比白居易诗《上阳白发人》

唐太宗李世民像（据故宫南薰殿藏品摹绘）

里宿空房、苦最多的白发宫人的境遇，往往只是有锦衣玉食，名义上强一点而已。

从十四岁到二十六岁，武则天一生中最美好的一段青春年华虚度在深宫后院。除了宫中对女官们要求很严的读书习字吟诗外，她的生活和心情是无聊寂寞的。

贞观末一场大祸临头。一起荒诞不经的政治事件，几乎使她陷于灭顶之灾。

当时人们不止一次在白天见到太白星，太史对这一星相的解释是"女主昌"的征兆。民间流传一本叫《秘记》的书，说："唐三世之后，女主武王代有天下。"对此，唐太宗心中疑惑，首先成为怀疑对象的李君羡做了第一个牺牲品。

李君羡是一名勇将，早年跟随在李世民左右，打刘武周、王世充等，每战必单骑先锋陷阵，战功卓著。贞观中为左武卫将军、武连县公，直玄武门，掌北门宿卫。有一天唐太宗在宫中设宴款待武将，行酒令，使各言小名，君羡自报小名五娘，唐太宗愕然，当时笑他："何物女子，乃尔勇健！"宴会以后细思量，君羡的官称封邑都有武（五）字，于是想起那"女主武王代有天下"的流言，原来应在他身上！便免了他典禁兵的军职，出为华州刺史。后来因与自称通晓佛法、能不食而生的员道信往来，被御史劾奏为与妖人交通，谋不轨。唐太宗在贞观二十二年（648）七月下诏将他处死。

事后唐太宗仍不放心，还和李淳风商量：

> 上密问太史令李淳风："《秘记》所云，信有之乎？"对曰："臣仰稽天象，俯察历数，其人已在陛下宫中，为亲属，自今不过三十年，当王天下，杀唐子孙殆尽，其兆既成矣。"上曰："疑似者尽杀之，何如？"对曰："天之所命，人不能违也。王者不死，徒多杀无辜。且自今以往三十年，其人已老，庶几颇有慈心，为祸或浅。今借

使得而杀之，天或生壮者肆其怨毒，恐陛下子孙，无遗类矣！"上乃止。①

《定命录》把源出于《谭宾录》或《朝野佥载》的这一故事又做了补充：

> 武后之召入宫，李淳风奏云："后宫有天子气。"太宗召宫人阅之，令百人为一队，问淳风。淳风云："在某队中。"太宗又分为二队，淳风云："在某队中，请陛下自拣择。"太宗不识，欲尽杀之。淳风谏不可："陛下若留，虽皇祚暂缺，而社稷延长。陛下若杀之，当变为男子，即损灭皇族无遗矣。"太宗遂止。②

这些情节雕凿的痕迹太明显，像是后人按武则天时的历史编造的。但李君羡为此冤死是事实，四十二年后武则天当上皇帝，因其家属诣阙称冤，自己也为了报恩慰灵，于天授二年（691）二月追复其官爵，以礼改葬李君羡。可见整个事件并非

---

① ［宋］司马光：《资治通鉴》卷一百九十九贞观二十二年七月条，中华书局，1956 年，第 6259—6260 页。

② ［宋］李昉等编：《太平广记》卷二百二十四李淳风条，中华书局，1961 年，第 1720 页。

子虚乌有。武则天曾面临过一场劫难，能够安然逃脱，实际是李君羡以死掩护了她，是她的幸运。

我颇怀疑这个武连县公可能就是"被窜于碎叶，流离散落，……漏于属籍"的李白一房的先祖，因为天授中虽然平了冤案，但神龙初李白返回时又换成李家天下，唐太宗定的案就翻不彻底了，只得"潜回广汉，因侨为郡人"①。在毗邻武连的青莲乡，诗人悄悄安了家。这是当年去青莲乡访李白故里时，途中见到武连镇的路牌时突然的感悟，始终未能深究。也有以为李白是被唐太宗杀的四弟李元吉后人。这是后话，不提。

贞观二十三年（649）五月，唐太宗勉强把权力交代给太子李治后不放心地死去，武则天作为才人的半幽禁生活也熬到了头。

---

① ［唐］范传正：《唐左拾遗翰林学士李公新墓碑并序》，载［清］王琦注：《李太白全集》，中华书局，1977年，第1462页。

# 四 女尼生涯：

结束了半幽闭的才人生活以后，武则天面对的是更加凄苦的用青灯梵钟代替锦衣玉食的女尼生涯。唐太宗死后，武则天和后宫没有子女的内官们一起剃度落发，被送进感业寺。今西安西北城外有一所感业寺小学，殆即该寺旧址。

比起直到明代宫里还盛行的妃嫔殉葬制度来说，唐代这让"嫔御皆为比丘尼"的办法，似乎是稍仁慈一点的发落。被幽闭在尼庵中的武则天没有完全绝望，她把解脱自己的希望寄于新皇帝唐高宗李治身上。

史载："上之为太子也，入侍太宗，见

感业寺小学内大唐感业禅寺碑

才人武氏而悦之。"[1] 在太宗后宫不甘寂寞的武则天对李治含情脉脉，暗相往来，她早有了把自己托付给这位比自己小四岁的太子的想法。后来他们也不讳言这一段暧昧关系，唐高宗在永徽六年（655）十月《立皇后武氏诏》中就说道："朕昔在储贰，特荷先慈，常得侍从，弗离朝夕……圣情鉴悉，每垂赏叹，遂

---

① ［宋］司马光：《资治通鉴》卷一百九十九永徽五年三月条，中华书局，1956 年，第 6284 页。

以武氏赐朕，事同政君。"① 这里说的王政君是汉宣帝选送给太子刘奭的，后来成为正妃、汉元帝皇后，是汉成帝生母。王政君是后宫家人子，而武则天是先帝才人，名分不一样，诏书硬作牵强附会类比。但那以前不久，隋炀帝与隋文帝宣华夫人陈氏、唐太宗与齐王妃杨氏间都有过这种类似的"乱伦"关系。当时北方游牧民族就有子娶父妾、寡妇改适大伯小叔的收继婚或称烝报婚风俗，和亲公主们奉命也要遵从这些习俗的。这些源于原始婚姻制度的风俗，由于当时民族融合的媒介，也影响到汉族，特别是隋唐皇室这样有少数民族血统的家族。比起那些要年轻的妇女们终身守寡的礼教清规来说，或者可以认为这样更人道一些。唐高宗在诏书里公然写进他和武则天的往事，似乎反映这还可以为当时社会接受或容忍。虽然也不免被某些人非议，但一般舆论还不像后代把这类事情看得那么严重。

诏书还透露他俩这种关系已经有"八年"之久，即始自贞观二十二年（648），那时唐太宗卧病，太子入侍，有较多接近武则天的机会。性格刚强又长于心计的武则天，容易取得素称懦弱的李治的好感。

现在武则天进了尼姑庵，唐高宗对她思念不已。永徽元年

---

① ［宋］司马光：《资治通鉴》卷二百永徽六年十月条，中华书局，1956年，第6293页。

（650）五月，为唐太宗过周年，他以忌日行香为名去感业寺，和尼姑身份的武则天见了面，"武氏泣，上亦泣"。事情被王皇后知道了，那时她正为皇帝宠爱萧淑妃吃醋，便怂恿皇帝接武则天回后宫，并自作主张让武则天蓄发等待。

从武则天生下长子弘的日子往上推，武则天在永徽元年（650）五月蓄发以后，第二次入宫的时间很可能在永徽二年（651）。

贞观十年（636）长孙皇后的死，给了次年十四岁的武则天第一次进宫的机会。这时王皇后和萧淑妃争宠，给二十八岁的武则天再次进宫的机会。二进宫以后，业已成熟的武则天就在权力之争中大显身手，不停地逐级登上权力的最高峰。

# 五 高宗专宠：

## 后妃们的宫廷斗法

武则天进宫之初，"卑辞屈体以事后，后爱之，数称其美于上，未几大幸，拜为昭仪"。昭仪正二品，入九嫔之列，比才人高两等。

当初王皇后为离间唐高宗和萧淑妃而出面接纳武则天入宫，没想到武则天进宫后她和萧淑妃一起失宠，真是追悔莫及！于是王、萧二人又联手起来诋毁武则天，但唐高宗并不予理睬，独信昭仪。武则天毫不示弱，在后宫大肆活动，笼络人心，"伺后所不敬者，必倾心与相结，所得赏赐分与之。由是后及淑妃动静，昭仪必知之，皆以闻于上"。在这司空见惯的妇人争斗中，武则天一出手就施展宫廷阴谋，比通常姑嫂斗法、妻妾厮打的手段着实要

传世武则天像

高出一筹。

永徽三年（652）七月，唐高宗长子陈王李忠被立为太子。李忠是后宫刘氏所生，时年仅十岁。那时皇后和皇帝都还年轻，不过二十多岁，为何匆匆物色太子？而且当时高宗已有四子，除长子忠和次子孝、三子上金三个是宫人所生，第四子素节生母是有地位的萧淑妃，素节又天资聪颖，小小年纪便能日诵古诗赋五百余言，父皇甚爱之，为什么舍他而立李忠呢？

这是王皇后的娘舅中书令柳奭的主意。他看到王皇后没生孩子，而传闻武则天有数月身孕了，如果这位已专宠宫闱的昭仪生下贵子，王皇后将来的地位就岌岌可危了——柳奭所担心的这件事后来果然发生了，永徽三年（652）末或四年（653）初武则天生下长子李弘——于是赶在武则天临盆之前，急不可待地拉出李忠来抢占皇太子位。"柳奭说后谋立忠为皇太子，以忠母贱，冀其亲己，后然之。"[1] 这种做法一箭双雕，同时断了和王皇后有宿怨的萧淑妃将来步上皇太后宝座同她分庭抗礼的路。

为办这件大事，经过柳奭内外策划，与太尉长孙无忌和另三名宰相褚遂良、韩瑗、于志宁一起出面，兴师动众，"固请立忠为储后，高宗许之"[2]。接着，除命于志宁兼太子少师外，又以右仆射张行成兼太子少傅，侍中高季辅兼太子少保，侍中宇文节兼太子詹事。这样宰相班子全部人马除李勣一人全都卷入这一立储事件，为李忠安排了一个最强有力的保护人班子。柳奭和王皇后指望这样可以稳住李忠和自己的地位。

武昭仪怀孕这样一件并不宜声张的事情，竟震惊了内外廷，虽然还不至掀起一场轩然大波，但后宫王、萧、武之间的三方角逐已经激烈地在暗中展开了。

立李忠为太子后半年，武则天生下儿子李弘。十年里她一共为唐高宗生下四男二女，唐高宗总共十二个子女，后面六个都是武则天所生。武则天独专房帷之宠的情形由此也可见一斑。

永徽五年（654）二月，托名褒赏功臣，皇帝加赠屈突通等

---

① ［后晋］刘昫等撰：《旧唐书》卷八十六《燕王忠传》，中华书局，2011年，第2824页。

② ［后晋］刘昫等撰：《旧唐书》卷八十六《燕王忠传》，中华书局，2011年，第2824页。

十三名武德功臣的官位 ①，武士彟赠并州都督。"时武昭仪用事"，为提高其门第，又想起了那些早已不在人世的开国功臣，用这块金牌向王、萧两家示威。同年六月，中书令柳奭突然上书请解政事，王皇后宠衰，他内不自安，宰相位上待不住了。皇帝立即敕准，降他为吏部尚书，暂还留在朝中。

上述两事褒贬升降之间，可见昭仪武则天政治活动的能量已经超越后宫的高墙，开始在外廷游荡生事了。

①［宋］王溥：《唐会要》卷四十五《功臣》，中华书局，1955 年，第 802 页。

# 六 皇后废立：

## 以女儿为代价的『惨胜』

中书令柳奭突然罢相，反映内廷发生重大变故。史书上记载王皇后这时宠衰，事情出在一个小女孩身上。

大约在永徽五年（654）之初，武则天生下第二个孩子，是女儿，很讨人喜欢。王皇后也不禁前去看了看，逗弄一番，知道皇帝就要来，皇后先走了。武则天见机下狠心掐死了亲生女儿，然后轻轻盖好被子，像没事一样。不多一会儿皇帝来了，武则天仍佯作欢笑，可是掀开被子抱起死孩子一看，她也真忍不住了，失声痛哭起来。皇帝讯问情况，左右宫女回答，刚才王皇后来过。唐高宗不加思索便断言："后杀吾女！"对王皇后的妒妇心肠痛恨不已。武则天又趁机告御状，真真假假地哭诉自己受的种种委屈。面对这一场从天而降的灾祸，王皇后就像遭到晴天霹雳的轰击，完全被打蒙了，她有口难辩，无以自明。皇帝以为事主已经默认，就此下定废王皇后、改立武则天的决心。

皇帝和皇后都是性情优柔的人，十多年结发夫妻的恩爱是不容易割断的，武则天第二次进宫以来，蓄谋五年，好不容易出此下策，促使他们感情完全破裂。目的虽然是达到了，自己也付出了惨痛的代价，她亲手葬送了长女小小的生命。后来几十年中，她不知有多少次暗暗为这小生命祈祷冥福，并加倍地怜爱小女儿太平公主，以慰藉自己永远不得安宁的良心。

宫闱事秘，不少人怀疑上述这个不可思议的故事是否历史真实，对此，各人尽可依自己的理解去做判断，对史料本身的怀疑，常常是历史研究的突破口。如果仅说到一个母亲如何下得这般毒手，可以像常人一样论理，那么武则天也就不成其为武则天了。

当时的情势之下，武则天除非施展宫廷阴谋，脚踩自己女儿幼小的尸体，否则是很难朝皇后位置迈进一步的。设身处地分析一下可以明白，十六年的宫廷生活已经泯灭了她原有的那种循规蹈矩的思维逻辑和行为准则，太宗时代十二年陷于被冷落的才人生活不能自拔，这三四年来虽然深得皇帝恩宠，但她哪怕要从昭仪进一级到宸妃的要求也竟遭到反对而作罢。现在

既已和王皇后、萧淑妃彻
底闹僵，怎能再久久屈居
她二人之下。以武则天的
聪明，她不会不明白，立
李忠为太子的事件表明内
外廷都是容不得她的。既
然没有退路，她绝不安分
守己听天由命，于是下毒
手嫁祸于人的做法，也就
是在最不合情理的情理之
中了。

唐高宗李治像

柳奭在内廷这一非常事变后罢相了。下一步的关键是要打通长孙无忌的关节。武则天最初曾幻想争取长孙无忌对自己的支持，要皇帝带她一起屈尊登门拜访，封官、厚赏，种种办法无所不用其极。然而在酒酣耳热之时，皇帝亲口向长孙无忌再三陈说，莫大之罪，无过绝嗣，因皇后无子，武昭仪有子，要行废立之事。这位国舅爷听了竟不予理睬。所封宠姬所生三子五品朝散大夫的官位和所赐金宝缯锦十车财物他都照收不误，但对改立皇后一事置若罔闻，借用"王顾左右而言他"的故伎，"对以他语，竟不顺旨"。皇帝和昭仪非常没趣，只得怏怏而归。

武则天还不死心，又让生母杨氏出面，到长孙无忌太尉府上，低三下四，"屡有祈请"，而无忌终不许。

许敬宗不自量力，也为武则天说项，"无忌厉色折之"，碰了一鼻子灰。

武则天这才完全清醒，明白以自己的阀阅门第经历，根本指望不上得到这些望族遗老的支持，终于丢掉幻想，把和长孙无忌集团的决斗提到日程上来了。

王皇后家族又率先挨了一连串打击。永徽六年（655）六月，敕禁后母魏国夫人柳氏不得入宫，切断王皇后交通内外的联系。七月，贬王皇后母舅柳奭为遂州刺史，途中又以漏泄禁中语之罪，更远贬荣州。这样便使失宠的王皇后陷于孤立无援的困境。

在外廷，武则天因父亲去世早，素无根基，没有一批朝臣呼应，是很难对付顽固坚持保王皇后立场的长孙无忌集团的。她明白自己一时组织不起同他们抗衡的力量，只能争取一点舆论声援，绕过反对派的阻挠，促使皇帝下决心。

首先起来呼应的是一伙政治失意分子。领头羊李义府当时官居中书舍人，因得罪长孙无忌，被贬壁州（辖境相当今四川通江附近地区）司马。七月的一天，公文过门下省一道审核手续就要下达了。李义府得到消息，急忙问计于同僚王德俭。王德俭是许敬宗外甥，给他出主意："武昭仪甚承恩宠，上欲立为皇后，犹豫未决者，直恐大臣异议耳。公能建策立之，则转祸为福，坐取富贵。”① 当天李义府代替王德俭直宿朝堂，得便叩阁上表，以“厌兆庶之心”的名义，请废王皇后，立武昭仪。这正合皇帝心意，当即赐珠一斗，恩准留居旧职。武则天也私下遣使劳勉。接着又提拔李义府为中书侍郎。这样一来，卫尉卿许敬宗、御史大夫崔义玄、大理丞袁公瑜争先恐后潜布腹心于武则天。她这时当然还顾不上考察这些人的才能德行，只要朝廷里有人替她说话办事。他们也确实能量不小，在武则天夺取皇后位置的这一场争斗中出了大力。

长安令裴行俭——他也可称是一代名将，后面我们还要提到——风闻要立武昭仪为后，认为“国家之祸必自此始”，私下与长孙无忌、褚遂良窃窃议论，被袁公瑜知道，通过杨氏转告宫中。八月，裴行俭外贬为西州都督府长史。由此可见监视长孙无忌等人的耳目已经布开，这一系统已有效地行动起来了。

从离间皇帝和皇后的感情关系做起，经过在内外廷的一番部署，武则天自信可以摊牌的时机到了。八九月间的一天，退朝后皇帝召长孙无忌、李勣、于志宁、褚遂良入内殿议事。褚遂良猜到是要决定废立皇后的事了，明白“上意既决，逆之必死”，形势十分严峻，慷慨激昂地表示，自己既受顾托，要以死争之。请太尉元舅长孙无忌等人不要说话，以免遭杀身之祸。

① ［唐］刘肃：《大唐新语》卷十二，中华书局，1984年，第180页。

褚遂良像

自己摆出一副准备杀身成仁的架势。

进入内殿后，他们看到武则天坐在帘后监视，气氛紧张。皇帝果然提出："皇后无子，武昭仪有子，今欲立昭仪为后。"褚遂良以"皇后名家"暗刺武则天，说"未闻有过，岂可轻废"，并抬出先帝遗命："朕佳儿佳妇，今以付卿。"以受托孤的元臣身份，断然反对改易皇后。

翌日再议时，他们更撕破面皮，言辞之激烈，成为对武则天毫不掩饰的人身攻击。

褚遂良谏争道："陛下必欲易皇后，伏请妙择天下令族，何必武氏。武氏经事先帝，众所具知，天下耳目，安可蔽也。万代之后，谓陛下为如何！"说完把手中象笏扔在殿阶上，解去幞巾，叩头流血，恨恨地说："还陛下笏，乞放归田里。"性情温和的皇帝也被激怒了，叫人立即把褚遂良带出去。武则天更怒不可遏。隔帘骂出粗话："何不扑杀此獠！"长孙无忌赶忙以"遂良受先朝顾命，有罪不可加刑"为由，好歹将褚遂良护下。于志宁在一旁见这阵势没敢吭气。李勣更乖巧，本与长孙无忌

褚遂良摹王羲之《兰亭序》（局部）

有隙，更不愿同他们一起卷入这事，前一天退朝时就不肯入内殿，称病径自走了。

长孙无忌的侄女婿侍中韩瑗当时也为这事一再涕泣极谏，他还上书列举"妲己倾覆殷王"和"赫赫宗周，褒姒灭之"，预言皇帝若一意孤行，要重演"棘荆生于阙庭，宗庙不血食"的历史悲剧。隋左翊卫大将军、荣国公来护儿之子中书令来济也上表力谏："王者立后，以承宗庙，母天下，宜择礼义名家、幽闲令淑者。"并以"成帝纵欲，以婢为后，皇统中微"的大汉之祸来警告皇帝。① 可是皇帝执意要改立武则天，无论他们怎样

---

① ［宋］欧阳修等撰：《新唐书》卷一百五《来济传》，中华书局，2011年，第4031—4032页。

"濒死固争"①，也改变不了皇帝的决心了。

皇帝正苦于没台阶下的时候，李勣给了他一句话，促使他在皇后的废立问题上下最后的决心。那是皇帝为自己的想法遭到褚遂良等反对一事询问李勣该怎么办时，李勣告诉他："此陛下家事，何必更问外人！"②这话很圆滑，表面上没表态，实际暗示根本不要理会褚遂良那一伙，尽可按皇帝自己要立武则天的心意去办，皇帝终于在元老重臣里得到同情支持自己的一票，于是"上意遂决"。

许敬宗在朝里宣扬此事时，更把李勣的道理发挥了一通，粗俗地说："田舍翁多收十斛麦，尚欲易妇；况天子欲立后，何豫诸人事而妄生异议乎！"旧史家们对许敬宗这种说法很不以为然，斥责道："以田舍翁况天子，许敬宗之事君，不敬莫大乎是！"③武则天听说后倒很满意，让身边的人把这话转达给皇帝。

九月初三（庚午），褚遂良被贬为潭州都督，长孙无忌一伙的失败成为定局。

① ［宋］欧阳修等撰：《新唐书》卷七十六《则天武皇后传》，中华书局，2011年，第3475页。

② ［宋］司马光：《资治通鉴》卷一百九十九永徽六年九月条，中华书局，1956年，第6292页。

③ 胡三省语，见《资治通鉴》卷一百九十九永徽六年九月条注，中华书局，1956年，第6292页。

十月十三日（己酉），皇帝下诏废王皇后、萧淑妃为庶人，莫须有的罪名是"谋行鸩毒"。后来许敬宗奏应斫王皇后父王仁祐棺时记罪名为"谋乱宗社"[①]。十九日（乙卯），下诏立武则天为皇后，这纸大约出自许敬宗或李义府之手的诏书盛赞："武氏门著勋庸，地华缨黻。"就是在这诏书里重复了那公开的秘密，即先帝唐太宗"以武氏赐朕，事同政君"的故事。

十一月初一（丁卯），行册皇后礼。司空李勣出面主持，使仪式颇为体面。而后破天荒举行了百官在肃义门朝拜新皇后的仪式。

皇后的位置，对一般宗法社会的女性来说应是追求的最高目标了，三十二岁的武则天在这时可以为自己的成功庆幸了，但她并不满足，也不能满足。她为追求这一目标使自己成为政治斗争旋涡的中心。朝她身上泼了无数脏水的敌党还在，仅褚遂良一个急先锋被贬并没有改变外廷仍掌握在长孙无忌手中的格局，他们有随时倾覆武则天的实力。武则天深知自己对以这位权势显赫的元舅为首的一伙绝不可掉以轻心，她不敢有稍许的懈怠。走到这一步以后，已经拉开战幕的政治斗争所包含的深刻社会内容，使谁想歇手也不由自主了。

---

① ［宋］欧阳修等撰：《新唐书》卷七十六《王皇后传》，中华书局，2011年，第3473页。

# 七 贬逐国舅：

奏响门阀制度的挽歌

当了皇后的武则天，头脑清醒地盯着自己的对手。无论把这解释成是她个人的性格气质，或者说是顺应政治斗争不可抗逆的逻辑，反正她没有放过任何一个阻碍她入主后宫的政敌。

起初她还做一点宽厚的姿态。皇帝立她为皇后的诏令下达后两天，她上的第一份表奏要求褒赏去年"面折庭争"阻止进封她为宸妃的韩瑗、来济。此刻武则天重提这桩旧事，对韩、来之辈无异是一种居高临下的威慑，无怪他俩见到此表时心里十分不是滋味，忧惧之余，"屡请去位"。

武则天春风得意，初登皇后宝位之际，关照起韩瑗、来济，究竟出自真情还是假意，让人颇费思量。也许她还存一线分化敌党、笼络这两名新进宰相的期望吧。可是这两人很不知趣，不久又为褚遂良讼冤。韩瑗上疏称"遂良体国忘家，捐身殉物，风霜其操，铁石其心"，请求"稍宽非罪……以顺人情"。还说："陛下无故弃逐旧臣，恐非国家之福。"褚遂良有冤情，对此皇帝并不讳言，但恨他"悖戾好犯上，故以此责之"。唐高宗李治素称懦弱，但当皇帝多年以后，也并不甘心受制于这批老臣，一心要摆脱长孙无忌、褚遂良等人的包围控挟，这样就和武则天有了一个对付他们的共同点。

韩瑗见疏奏无效，要求解职归田，又不准，但已经惹恼了武则天。显庆二年（657），许敬宗、李义府按皇后旨意，诬奏韩瑗、来济与褚遂良潜谋不轨，捕风捉影的借口是他们安排褚遂良由潭州都督改任桂州都督，意在搞里应外合，因为桂州（今广西桂林）向来是用武之地。八月，韩、来二人被贬到振州（今海南三亚）、台州（今浙江临海）当刺史，"终身不听朝觐"。唐朝规定地方长官定期朝集，在年节前入京朝贺，贡献方物，汇报地方政务。给韩、来这一特别处分，使他们无望再上调回京面见皇上，有一种万劫不复的味道。两年后韩瑗死在振州。五年后来济在庭州（今新疆吉木萨尔）刺史任上，与突厥战阵亡。

受韩瑗、来济牵连，褚遂良更被远贬爱州（今越南清化），柳奭从荣州贬往象州（今广西象州东南）。褚遂良到爱州后哀哀上表，自陈过去为皇上固争太子位，又受遗诏辅政的种种功绩，恳求"蝼蚁余齿，乞陛下哀怜"。褚遂良自武德初从薛举手下归唐，以文才书法自负，四十年来爬上宰相高位，年逾六十反遭贬责，远放边州，心情沮丧。哀告不应，一蹶不起，次年死于爱州。

最后要收拾长孙无忌。此人早年从李世民征战，又策划了玄武门事件，兼有开国功臣和佐命元勋的特殊荣誉，二十四名凌烟阁功臣中他名列第一。终贞观之世，他在相位上。高宗皇帝对这位有顾命老臣身份的母舅一直尊礼优崇。永徽元年洛阳人李弘泰贸然告长孙无忌谋反，皇帝二话不问，命立斩讫。武则天也不敢轻易动手，为扳倒这棵大树颇费周折。她又隐忍数年，逐一剪除其羽翼，在扫清外围以后，显庆四年（659）春，许敬宗秉承皇后内命，精心设计了一个朋党案，把长孙无忌牵扯进去。

关于这个事件，史籍记载差舛混乱，已难知其详。大略是许敬宗奉敕审鞠太子洗马韦季方和监察御史李巢

长孙无忌像

等一般官员的朋党事时，严
刑逼供，韦季方熬不过，自
刺不死，许敬宗故意扩大事
态，说他们与长孙无忌谋反，
事情败露畏罪自杀。皇帝惊
讶元舅何至于反，许敬宗煞
有介事地说："无忌与先朝谋
取天下，众人服其智，作宰
相三十年，百姓畏其威，可
谓威能服物，智能动众。臣
恐无忌知事露，即为急计，
攘袂一呼，啸命同恶，必为
宗庙深忧。"①许敬宗还举出宇

许敬宗像

文化及父子两代受隋室信重，其弟士及并娶隋炀帝女南阳公主，
最后还是于江都作乱，倾覆隋室。皇帝命许敬宗再审。次日，
许敬宗又编造韦季方供词："韩瑗尝语无忌云：'柳奭、褚遂良
劝公立梁王为太子，今梁王既废，上亦疑公，故出高履行（无
忌表弟）于外。'自此无忌忧恐，渐为自安之计。后见长孙祥又

① ［后晋］刘昫等撰：《旧唐书》卷六十五《长孙无忌传》，中华书
局，2011 年，第 2455 页。

出，韩瑗得罪，日夜与季方等谋反。"皇帝还犹豫："我决不忍处分与罪，后代良史道我不能和其亲戚，使至于此。"许敬宗再鼓舌簧："今无忌忘先朝之大德，舍陛下之至亲，听受邪谋，遂怀悖逆，意在涂炭生灵……臣闻当断不断，反受其乱，大机之事，间不容发，若少迟延，恐即生变，惟请早决！"[1]皇帝被这耸人听闻的言辞搞昏了头，在许敬宗不住口地催促下，竟不亲问无忌谋反情由，听这一面之词，便削其官爵，流黔州（今重庆彭水），发兵立即遣送。只是仍准按一品供给饮食，每天有细白米两升，油五升，炭十斤等，每月还给羊二十只，猪肉六十斤，鱼三十条，酒九斗，表示对这位至亲长辈的优遇。

许敬宗又捉摸可以株连的人，上奏："无忌谋逆，由褚遂良、柳奭、韩瑗构扇而成；奭仍潜通宫掖，谋行鸩毒，于志宁亦党附无忌。"这时褚遂良已死，追削官爵。柳奭、韩瑗除名，于志宁免官，高履行贬洪州都督。被株连的还有长孙无忌的从弟渝州刺史长孙知仁、族弟长孙恩、儿子驸马都尉长孙冲、族子驸马都尉长孙铨、长孙祥，褚遂良子褚彦甫、褚彦冲等，或流或杀。韩瑗的内侄、长孙铨的外甥赵持满，任凉州刺史，善骑射，许敬宗怕他学马超反西凉，召至京师下狱，讯掠备至，终无异词，仍以与长孙无忌同反的罪名被杀。亲戚不敢收尸，

---

[1] ［后晋］刘昫等撰：《旧唐书》卷六十五《长孙无忌传》，中华书局，2011 年，第 2455—2456 页。

废后从祖兄王方翼以栾布哭彭越之义，冒死将他安葬。

七月，许敬宗借奉旨覆按之便，遣同党袁公瑜往黔州，逼令长孙无忌自缢。柳奭被杀于象州。韩瑗已死，开棺验尸。除此之外，又有长孙氏、柳氏十三人和于氏九人被贬降。来济则被远贬庭州（今新疆吉木萨尔）。至是长孙无忌集团被彻底摧毁。

考察一下这批人，核心正是七年前拥立陈王李忠为太子的那一伙。说于志宁党附无忌，并不是指议皇后废立时他无言沉默的表演，而是更早不慎卷入了立太子忠的事件。对此武则天刻骨铭心，时间一到，就一切都报了。

这并非一场寻常的报复行动和权力之争，这是一场有深刻社会内容的历史事件。陈寅恪先生指出：立武后诏之发布，"在吾国中古史上为一转捩点"。他这样阐述了这一论点："盖西魏宇文泰所创立之系统至此而改易，宇文氏当日之狭隘局面已不适应唐代大帝国之情势……武曌则以关陇集团外之山东寒族，一旦攫取政权，久居洛阳，转移全国重心于山东，重进士词科之选举，拔取人才，遂破坏南北朝之贵族阶级，运输东南之财赋，以充实国防之力量诸端，皆吾国社会经济史上重大之措施，而开启后数百年以至千年后之世局者也。"[1] 武后之立和王皇后一

---

[1] 陈寅恪：《记唐代之李武韦杨婚姻集团》，《历史研究》1954年第1期，第41页。

长孙无忌集团被摧垮，标志着一个多世纪里关陇集团把持中央政权局面的终结，也可以认为是经历了几百年后残存的门阀色彩政治最终结束的标志。

中国中古社会如果以分成前后两期而论，前期以身份性的世族门阀地主奴役身份更接近农奴的依附农民的生产关系为特征，实行世袭性很强的门阀贵族政治；后期则普遍流行非身份性的普通地主剥削半自由的佃农的生产关系，实行非世袭性的科举官僚政治。这反映着生产力进一步的个体化和人身依附关

《唐律疏议》残片（局部）［永徽二年（651）颁行《永徽律》，次年长孙无忌奉命主撰律文解释，四年颁行，共十二篇、三十卷。原名《律疏》，后改称《唐律疏议》。既是中国现存最早的完整的古代法典，又是流传至今的杰出的法学著作］

系相对松弛的历史进程。西魏、北周、隋和唐前期，正是完成这一转变的关键时期。这时执政的关陇集团是从武川起家的军事贵族，无论宇文泰、杨忠（隋文帝杨坚之父）、李虎（唐高祖李渊祖父），当年都是"籍贯兵伍，地隔宦流，处世无入朝之期，在生绝冠冕之望"①的守边军主。元魏政权迁洛后分氏定族，把此辈排斥在外。愤懑之余，他们卷入六镇兵变和河北起兵，开创西魏北周和后来的隋唐政权。这一从府兵八柱国加十二大将军系统发展起来的关陇军事贵族集团，和过去压抑他们的衰世旧门不同，在推动国家统一和社会进步方面有过生机勃勃的表现，他们的杰出代表宇文泰、宇文邕、杨坚、杨广、李渊、李世民一脉相承，建立了轰轰烈烈的业绩。但在当时社会条件下，他们做了皇帝，有了最高门第，几代下来，不论是否在位，也有奕世高门的地位，门阀观念刻骨铭心，在一定程度上成了维护旧制度的新代表，特别是力图重建以自己为核心的新门阀，时时有排斥寒门俊杰的表演。素有任人唯贤美誉的唐太宗，晚年也疏忌魏徵、刘洎、张亮、李勣这一班出自山东、江陵的大臣，退回到关陇集团的小圈子里，最后把国事托付给关陇集团的领袖人物长孙无忌和早已投靠长孙氏的褚遂良。高宗即位以后至武则天立为皇后以前，他俩辅政时新提拔了六名宰相：于

---

① ［北齐］魏收撰：《魏书》卷九十四，中华书局，2011 年，第 2023 页。

志宁、柳奭、宇文节、韩瑗、来济、崔敦礼，全是周隋大臣后代，关陇集团的成员。[①] 这种以门第取人的政策显然和大唐帝国开放发展的历史潮流大相径庭。他们一起扶植李忠为太子，死保王皇后——西魏大将军王思政的裔孙女，并以择后必须"天下令族""礼义名家"为由，坚决反对立武则天，这一切活动都是为保持他们关陇集团的一党私利。武则天只得从关陇集团之外物色李义府、许敬宗、王德俭、袁公瑜、崔义玄等人为自己打手，当年立太子李忠时唯一被排斥在外的宰相李勣，出身山东寒族地主，这时实际站在武则天一边。

双方出身门第悬殊，判若泾渭，这种历史的偶然现象里体现了一种必然，阶层的对立森严壁垒，彼此政治权力经济利害的冲突，不免要把仇神召到战场上来了，皇后位置之争不过是触发矛盾的具体形式，以长孙无忌为代表的关陇集团的失败成为历史的转捩点。

史称"自是政归中宫"，事情并不尽然，因为唐高宗还实际掌握着朝政，可武则天确实从此成为一个政治性的人物，而且她一亮相就不同凡响，她是以门阀制度挽歌手的姿态登上政治舞台的。

---

① 参汪篯：《唐高宗王武二后废立之争》，载《汪篯隋唐史论稿》，中国社会科学出版社，1981年，第165—170页。

麟德元年（664），宰相上官仪在宫中掀起的一场风波，险些使武则天翻了船。

十年前，唐高宗李治果敢地迎娶了曾是父妾身份的武则天。"后城宇深，痛柔屈不耻，以就大事，帝谓能奉己，故扳公议立之。"[1]册立武则天为皇后，表现出他对感情生活执着的追求。以后他俩终身相伴，高宗皇帝更可说是依赖着自己选定的这位长姐似的皇后。只是在除掉长孙无忌之后，两人之间有一段龃龉，关系紧张到涉及武后的去留问题。

拔除长孙无忌势力，唐高宗如愿摆脱

---

① ［宋］欧阳修等撰：《新唐书》卷七十六《则天武皇后传》，中华书局，2011 年，第 3475 页。

了遗老们的包围挟制，但"武后得志，遂牵制帝，专威福，帝不能堪"①。她一反过去屈身忍辱、奉顺上意的谦恭姿态，使李治仍不能舒心地做皇帝。这对一个精力还充沛的年轻君主来说，是不能容忍的。正好宦官王伏胜检举皇后引方士郭行真入禁中为蛊祝，祈求非分之福，"帝因大怒，将废为庶人"，上官仪极口附和，撺掇说："皇后专恣，海内失望，宜废之以顺人心。"②皇帝命他起草废皇后的诏书。

武则天布置在皇帝身边的亲信，见势不好，飞奔告后。武则天慌忙赶来，废皇后的诏书正捏在皇帝手里。一番申诉，说得皇帝心软下来，"羞缩不忍，复待之如初"，还像被老婆抓住了什么亏理的事，重犯当时上层社会流行的惧内病，支支吾吾地推说："我初无此心，皆上官仪教我。"③当面把上官仪出卖了。

上官仪籍贯陕州（今河南三门峡），历来，关内关外是按在今河南新安县东的汉函谷关论的，陕州与毗邻的弘农都在关陇圈内。其父上官弘为隋江都宫副监，隋末被杀，家道中落。上

---

① ［宋］欧阳修等撰：《新唐书》卷一百五《上官仪传》，中华书局，2011年，第4035页。

② ［宋］欧阳修等撰：《新唐书》卷一百五《上官仪传》，中华书局，2011年，第4035页。

③ ［宋］司马光：《资治通鉴》卷二百一麟德元年十月条，中华书局，1956年，第6342页。

陶乐舞俑

官仪善属文，贞观初举进士，遂由科举出身。李忠为陈王时，他曾任王府谘议参军，与王伏胜同在陈王府供事。此时他们合谋倾覆武则天，是有历史渊源的。特别是和废太子忠有缘，所以这次发难的实质，应视为多年来后宫争斗的继续。试想如果这次废武成功，李忠复太子位，将来继承了皇位，上官仪是什么地位啊。何况他是要为他们整个关陇集团回到原来的特权地位去呢。

武则天说动皇帝回心转意，翻过手来，立即指使许敬宗诬构上官仪与李忠谋大逆。上官仪及其子上官庭芝下狱而死。家口籍没。上官庭芝之女、著名的上官婉儿这时初生不久，还在襁褓中，也随母一起没入掖庭为婢。上官婉儿在宫中受到良好的教育训练，后来文章出众，又有才识，圣历以后，百司表奏，多令参决，成为武则天的心腹笔杆。郭沫若院长十分赞赏她俩摆脱杀亲之仇的私怨，在国事上密切合作的雅量，并把这一故事编进历史剧《武则天》中，其中有一段武则天向上官婉儿解释当年杀她祖父情由的精彩谈话：

> 武则天：自从汉朝灭亡以来，天下就没有长治久安过。曹氏父子夺了刘家的天下，司马氏父子不久又夺了曹家的天下。司马氏得到了天下之后不两代便兄弟阋墙，大家抢做皇帝，因而有了八王之乱，相互斫杀，更因而引起了五胡（入）华，天下分崩。你看南朝的宋、齐、梁、陈吧。那总共只有一百七十年，换了四个朝代。而每次改朝换代都是大臣篡位，袭取了曹氏、司马氏的故智。这种风气也传到了隋朝。隋朝（三）十八年的江山是被大丞相宇文化及在一天晚上搞掉的。（息了一忽）宇文化及虽然死了，但他的阴魂并没有死。
>
> 上官婉儿：呵，我完全明白了。我的祖父就是宇文化及的借尸还魂。

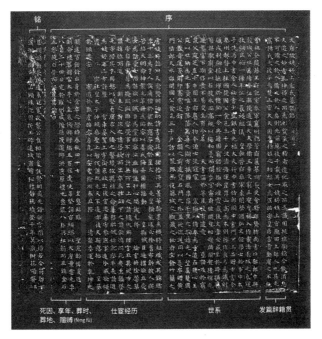

上官婉儿墓志

上官仪这次发难以后，那个一再给武则天惹麻烦的李忠自然不能再留了。李忠自显庆元年十四岁时废为梁王，出为梁州都督，转房州刺史。成年后，精神恍惚不安，或私衣妇人之服以备刺客，或因妖梦自占吉凶。显庆五年（660）被人告发，废为庶人，更徙黔州，因于承乾故宅。上官事败，他也不免一死。这位高宗皇帝的庶出长子，只因生在帝王家，郁郁一生，年仅二十二岁便做了政治倾轧的可怜牺牲品。十二年前他被推上太子位，至此被皇帝赐死，成为这场年逾一纪的后宫争夺的一头一尾。他本人大概至死仍不明白自己是怎样被历史捉弄的。

此外，除了王伏胜被杀头，左肃机郑钦泰等一批朝士受株连被贬流，右相刘祥道也坐与仪善，罢政事。

武则天能在同上官仪的角逐中卫冕且轻取全胜的原因，一方面是上官仪新进未久，在朝里势孤力单，没有根基；另一方面，武则天控制皇帝有术，她还不乏先见之明，早早诛除了王皇后、萧淑妃这两位冷宫阴魂，断了她俩东山再起的后患，这样武则天在后宫已经处于无人可以取代的地位，就比较容易逃脱被废黜的厄运。

关于王、萧二人的死状，史书上有令人毛骨悚然的描写：

> 初囚，高宗念之，间行至其所，见其室封闭极密，惟开一窍通食器出入。高宗恻然，呼曰："皇后、淑妃安在？"庶人泣而对曰："妾等得罪，废弃为官婢，何得更有尊称，名为皇后？"言讫悲咽，又曰："今至尊思及畴昔，使妾等再见日月，出入院中，望改此院名为'回心院'，妾等再生之幸。"高宗曰："朕即有处置。"武后知之，令人杖庶人及萧氏各一百，截去手足，投于酒瓮中，曰："令此二妪骨醉！"数日而卒。[1]

---

[1] ［后晋］刘昫等撰：《旧唐书》卷五十一《高宗废后王氏传》，中华书局，2011年，第2170页。

这一节描述，史官显然用了渲染不实之笔。截去手足，投于酒瓮中，如何能得数日方卒？且王、萧二人年纪不过三十，如何以"二妪"——老妇相称？按情节，是武则天私自处置，但《新传》和《通鉴》又记为宣敕处分，王氏还有"昭仪承恩，死自吾分"等语，前后矛盾。所有史料又都不记何日执行。众多疑点，难称信史。颇似对汉史上吕后杀戚夫人故事的拙劣抄袭。但王、萧二人受尽屈辱而死，是毋庸怀疑的。

对此高宗皇帝或有风闻，不免心生恻隐而迁怒于武则天，他让上官仪草诏废武之举，应是这一类积怨的爆发。

# 九

## 天后参政：

权侔人主的女政治家初露锋芒

随着武则天在后宫争斗的逐步胜利，她的政治权力膨胀起来。史书上这方面有明确记载。

显庆四年（659）八月，长孙无忌集团被摧垮后，"自是政归中宫"。（《资治通鉴》）

显庆五年十月，"上初苦风眩头重，目不能视，百司奏事，上或使皇后决之。后性明敏，涉猎文史，处事皆称旨。由是始委以政事，权与人主侔矣"。（《资治通鉴》）

"后素多智计，兼涉文史。帝自显庆已后，多苦风疾，百司表奏，皆委天后详决。自此内辅国政数十年，

威势与帝无异，当时称为'二圣'。"(《旧唐书·则天皇后纪》)

麟德元年（664）十二月，上官仪被诛，"自是上每视事，则后垂帘于后，政无大小，皆与闻之。天下大权，悉归中宫，黜陟、杀生，决于其口，天子拱手而已，中外谓之'二圣'"。(《资治通鉴》引实录，《旧唐书·高宗纪下》略同）

上元元年（674）八月，"皇帝称天皇，皇后称天后"。(《资治通鉴》《旧唐书·高宗纪下》《新唐书·高宗皇帝纪》同）

上元二年三月，"时帝风瘆不能听朝，政事皆决于天后……帝欲下诏令天后摄国政，中书侍郎郝处俊谏止之"。(《旧唐书·高宗纪下》)

"上元以来，政由武氏。"(《旧唐书·礼仪志》)

弘道元年（683）十二月，"遗诏太子枢前即位，军国大事有不决者，兼取天后进止"。(《资治通鉴》，《旧唐书·高宗纪下》记为"取天后处分"，《新唐书·则天武皇后传》记为"军国大务听参决"。)

以上材料说明，上官仪谋废武则天的事情平息以后，二十年里，唐高宗恢复了对武则天的充分信任，他俩弥合了夫妻关系中的短暂裂痕。尤其是唐高宗的身体每况愈下，繁重的国事须仰仗武则天果断明敏的才干，两个政治人物之间建立了一种新的平衡与和谐。武则天接受教训，在夫君面前言行比较检点，不再轻易冒犯黜陟大权在握的皇帝，换来唐高宗对她至死不渝的信任。

在皇帝的信任下，这期间武则天的政治实力顺利地稳步增长着，她是怎么做的，从修订《姓氏录》、扩充官僚队伍、组织北门学士和建言十二事等几个方面，就可以明白她用心良苦。

先说修订《姓氏录》。

重视门第阀阅，作为一种落后的社会意识，终唐一世还有广泛的影响。出身高门的士族子弟，不少借婚宦之便，平步青云，经济上也有种种好处。即如武则天、李义府辈也不能不企羡高门的荣耀，热衷于同士族联姻、通谱。唐太宗时代颁布的《氏族志》，偏偏把他们排除在外。对武则天来说，这是她政治发迹史上三大障碍——出身门第、女性身份和曾为太宗才人——中最使她沮丧的一项，所以稍一得势，就迫不及待地要修订《姓氏录》。

唐太宗贞观十二年（638）曾依官定族姓的成规，命高士廉、韦挺、岑文本、令狐德棻和"四方士大夫谙练门阀者"刊正姓氏，撰《氏族志》，太宗亲自指示："我今特定族姓者，欲崇重今朝冠冕……不须论数世以前，止取今日官爵高下作等级。"① 唐太宗继承"关中之人雄，故尚冠冕"②的意识，有压抑一下崔、卢、王、谢等山东、江南衰世旧门的想法。但《氏族志》的修订，还是"普责天下谱谍，仍凭据史传考其真伪"③。这批熟悉和维护门阀制度的修撰者跳不出原来的窠臼，所列九等、两百九十三姓、一千六百五十一家仍有许多官职很低的旧士族。即如被唐太宗点名从第一等降为第三等的崔民干，实际上还是皇族、外戚以下最高的门第。

显庆四年（659）六月，长孙无忌刚被贬出京城两个月，另订《姓氏录》以取代《氏族志》的事就由许敬宗、李义府等建议提上了日程。许敬宗等奏请修改的缘由，即"以其书不叙武氏本望"，而"义府耻其家代无名，乃奏改此书"④。预修者有孔志约、杨仁卿、史玄道、吕才等。《姓氏录》以后族为第一等，其余悉以仕唐官品高下为准，仍分九等，"皇朝得五品官者，皆

---

① ［后晋］刘昫等撰：《旧唐书》卷六十五《高士廉传》，中华书局，2011年，第2444页。

② ［宋］欧阳修等撰：《新唐书》卷一百九十九《柳冲传》，中华书局，2011年，第5679页。

③ ［后晋］刘昫等撰：《旧唐书》卷六十五《高士廉传》，中华书局，2011年，第2443页。

④ ［后晋］刘昫等撰：《旧唐书》卷八十二《李义府传》，中华书局，2011年，第2769页。

升士流"。① 彻底打破了原姓谱的框框。抱旧眼光的人把《姓氏录》目为"勋格"，即用为赏军功的规定，认为根本不是传统的定族姓的办法。缙绅士大夫多耻被甄叙，不愿同伍而纷纷抵制。李义府更上奏收焚天下《氏族志》，强行推行《姓氏录》。于是"百官家口，咸预士流"②。都是了，也就都不是了。大家只有姓氏之别，不再分氏族高下，身份较前平等了。

数百年来，国家用行政手段颁定姓族等级的做法，随着门阀社会逐步瓦解，应该寿终正寝，以利于人才的涌现和社会进步。唐太宗对此已有认识，批判过士族："不知世人何为贵之！"但还是颁定了那样的《氏族志》，向前走了一步，又退了半步，这正是他开放进步的治国理想和头脑中残存的门阀观念矛盾的结果。唐高宗、武则天诏改《氏族志》为《姓氏录》，从名到实都是对门阀旧制的一种彻底否定，从此结束了用官颁姓族来维护旧门阀制度的历史，无疑是具有社会意义的变革。《姓氏录》恰在长孙无忌集团被摧垮之同时修订成功，显然也不是偶然的巧合。

当然任何社会问题，特别是根深蒂固的意识形态的问题，

---

① ［后晋］刘昫等撰：《旧唐书》卷八十二《李义府传》，中华书局，2011 年，第 2769 页。

② ［后晋］刘昫等撰：《旧唐书·舆服志》卷四十五，中华书局，2011 年，第 1957 页。

都不是一纸诏书能解决的。太宗时代想压抑自矜门第的衰世旧门，王妃主婿除非勋臣不议山东大姓，但魏徵、房玄龄、李勣等家犹盛与为婚，致使山东士族旧望不减。李义府步他们后尘，更伪称出自赵郡，与李姓大族通谱，以抬高自己门第。后来李义府一度失势时，被李崇德剔出族谱，为其子求婚也被拒绝，因而恼恨，奏改《氏族志》。《姓氏录》颁后四个月，又奏请定陇西李宝，太原王琼，荥阳郑温，范阳卢子迁、卢浑、卢辅，清河崔宗伯、崔元孙，博陵崔懿，赵郡李楷等七姓十家的子孙不得自为婚姻，并不得受陪门财。意在打破这些四海大姓的婚姻圈子，使之逐步瓦解。"然族望为时所尚，终不能禁，或载女窃送夫家，或女老不嫁，终不与异姓为婚。其衰宗落谱，昭穆不齿者，往往反自称禁婚家，益增厚价。"[1] 依门第高下差别，更多索取财礼。前此，贞观十六年（642）唐太宗就曾下诏"禁卖婚"[2]，并不见奏效，后来虽"不敢复行婚礼"，犹"密装饰其女以送夫家"。[3] 这一场新旧观念社会势力之间的斗争，不仅在武则天时代没有平息，还一直延续了整整有唐一代。彻底解决是

---

① ［宋］司马光：《资治通鉴》卷二百显庆四年十月条，中华书局，1956年，第6318页。

② ［宋］王溥：《唐会要》卷八十三《嫁娶》，中华书局，1955年，第1528页。

③ ［唐］刘悚：《隋唐嘉话》中，中华书局，1979年，第33页。

借助唐末农民战争风暴的荡涤。五代起，"取士不问家世，婚姻不问阀阅"①，盛唐以来私修谱牒、重视谱学的风气，也因丧失现实的社会价值衰落下去了。此后，除非有新的功名光耀门庭，单凭祖先的高贵血统就能混迹上流社会的便宜，只是破落子弟们难堪的历史回忆了。《姓氏录》的修订，对门第观念的变革，对门阀社会的衰亡所起的积极作用，应给予一定的历史评价。

再说武则天广树私恩，在官僚队伍中培植亲信。

武则天为实现雄心勃勃的政治抱负，毕生坚持不懈地用各种手段扩大自己对官僚阶层的影响，不断培植和更新拥戴自己的官僚队伍，奠定了她一生成功的基础。唐高宗在世时，官员选拔升迁制度的种种发展变化，都明显有她插手的迹象。

贞观初裁抑武德官员，并省编制，朝中文武总留六百四十员，约为隋代和盛唐数字的四分之一。但"时选人渐众，林甫奏请四时听选，随到注拟，当时甚以为便。时天下初定，州府及诏使多有赤牒授官，至是停省，尽来赴集，将万余人"②。贞观

---

①［宋］郑樵：《通志》卷二十五《氏族略》，中华书局，1987 年，第439 页。

②［后晋］刘昫等撰：《旧唐书》卷八十一《刘祥道传》，中华书局，2011 年，第 2750 页。

三年（629）杜如晦也曾言及：“今每年选集，向数千人。”① 这说的都是全国官员的铨选数字。可从这每年铨选擢升调迁的人数推知内外官员总数，应已接近后来一万多名定员的规模了。唐太宗一再强调："量才授职，务省官员。"② "官在得人，不在员多。"③ 就是针对官僚队伍不断膨胀的情况而言的。但周隋以来，自打破九品中正制的门第限制，大批新成长起来的寒门出身的知识分子蜂拥进入官场，他们代表新兴普通地主的政治要求，是一股不可遏制的潮流。

武则天登上政治舞台后，像一下子为他们打开了闸门一样。

显庆二年（657），继承其父刘林甫主持吏部选事的刘祥道上疏告急："今之选司取士，伤多且滥：每年入流数过一千四百，伤多也；杂色入流，不加铨简，是伤滥也。"他具体分析官员人数："今内外文武官一品以下，九品已上，一万三千四百六十五员，略举大数，当一万四千人。壮室而仕，耳顺而退，取其中数，不过支三十年。此则一万四千人，三十

---

① ［唐］吴兢：《贞观政要》卷三《择官第七》，上海古籍出版社，1978年，第90页。

② ［唐］吴兢：《贞观政要》卷三《择官第七》，上海古籍出版社，1978年，第87页。

③ ［宋］司马光：《资治通鉴》卷一百九十二贞观元年十二月条，中华书局，1956年，第6034页。

年而略尽。若年别入流者五百人，经三十年便得一万五千人，定须者一万三千四百六十五人，足充所须之数。况三十年之外，在官者犹多……计应须数外，其余两倍。"①

显庆三年（658），中书令杜正伦亦言"入流人多，为政之弊"，但"时公卿已下惮于改作，事竟不行"。②事实恐怕不仅是公卿如何，武则天这时已开始干预朝政，她很自然地成了新进寒门官员的政治代表，有她做背景，大臣们是很难逆这股潮流行事的。以至"乾封以前选人，每年不越数千；垂拱以后，每岁常至五万"③。到武则天临朝时选人数字已膨胀到惊人的程度。上元二年（675）又始设"南选"，以便在江淮以南主要是岭南、黔中铨选拔用人才，也是例证之一。另外，"天子自诏者曰制举，所以待非常之才"④的制科，在这时出现，也似非偶然。《唐会要》卷七十六《贡举中·制科举》以"显庆三年二月，志烈秋霜科，韩思彦及第"为第一条，所以有人认为"正式的制科考试始自高宗显庆三年，武则天创制的动机

---

① ［后晋］刘昫等撰：《旧唐书》卷八十一《刘祥道传》，中华书局，2011 年，第 2751 页。

② ［后晋］刘昫等撰：《旧唐书》卷八十一《刘祥道传》，中华书局，2011 年，第 2753 页。

③ ［唐］张鷟：《朝野佥载》卷一张文成言，中华书局，1979 年，第 6 页。

④ ［宋］欧阳修等撰：《新唐书》卷四十四《选举志上》，中华书局，2011 年，第 6346 页。

是为了表现皇后地位的正当性，之后则是为了武周政权的正当性"①。

新出现的泛阶制更能说明问题。乾封元年（666），唐高宗在泰山行封禅礼。武则天以这样祭天地告成功的大典排除妇女，"礼有未安"，主动提出自己"帅内外命妇奠献"，于是以皇后身份取得了继皇帝之后升禅地坛主持亚献的特别荣誉。这次封禅从驾文武仪仗提前两个月出发，数百里不绝，"东自高丽，西至波斯、乌长诸国，朝会者，各帅其属扈从，穹庐毳幕，牛羊驼马，填咽道路"，盛况空前。礼成，"文武官三品已上赐爵一等，四品已下加一阶"②。这也就是杜佑所说："乾封以前未有泛阶，应入三品，皆以恩旧特拜，入五品者，多因选叙计阶，至朝散大夫以上，奏取进止……乾封以后始有泛阶入五品、三品。"③ 不难想见，此制一开，人人得进阶加勋，整个官僚队伍，特别是因而跃入五品、三品高官显贵行列的官员们，会以怎样感恩戴德的心情来崇拜这位大唐开国以来第一次封禅大典中最出风头的武则天。她在击败上官仪以后，借"比岁丰稔，米斗至五钱，

---

① 何汉心：《唐朝制举和科举》，载《第二届国际唐代学术会议论文集》，文津出版社，1993年。

② ［宋］司马光：《资治通鉴》卷二百一乾封元年正月条，中华书局，1956年，第6346页。

③ ［唐］杜佑：《通典》卷三十四《职官·文散官》注，中华书局，1988年，第938页。

乾陵六十一蕃臣像

麦、豆不列于市"的大好经济形势，立即策划筹办封禅，并在典礼上争亚献，抢角色，足见她在政治上的活跃和着意笼络人心的机智。

作为正常仕途之一的科举制度，在唐高宗武则天共同执政的二圣时期也有重要发展。

"永徽已前，俊、秀二科犹与进士并列；咸亨之后，凡由文学一举于有司者，竞集于进士矣。"[1] 这是科目重心的变化。

---

① ［南汉］王定保：《唐摭言》卷一《述进士上篇》，上海古籍出版社，2012 年，第 2 页。

以数量说。唐高祖迟至武德五年（622）天下大定始开科举，每年只取进士四至七名，连秀才不足十名。唐太宗贞观年间，一般每年取进士数至十几名，包括秀才明经诸科，平均每年取士仍不过十名。所谓"进士科……盛于贞观"①之说，并不足据。唐高宗显庆四年（659），皇帝亲自策试举人九百。他和武则天统治的五十五年（650—704），据徐松《登科记考》统计，举进士逾千，平均每年二十多人，比贞观年间增加一倍，从此直到唐末，进士科录取人数的平均数，大致保持在这个水平上。

考试内容也有变化。史称："太后颇涉文史，好雕虫之艺，永隆中始以文章选士。"②这是指进士科的情况。

隋炀帝始建进士科，起初只试策问，贞观八年（634）诏加进士试读经史一部，主要还是试时务策，而策问大多不过泛泛而论，并不能切中时弊建策，判上下等第全看文章对仗华丽与否。早在贞观元年（627）杜如晦就指出："吏部择人，惟取言

---

① ［南汉］王定保：《唐摭言》卷一《散序进士》，上海古籍出版社，2012年，第3页。

② ［唐］杜佑：《通典》卷十五《选举三》注，中华书局，1988年，第357页。

杜如晦像

辞刀笔，不悉才行。"① 贞观二十二年（648）文章浮艳名噪京邑的进士张昌龄、王公瑾等落第，连唐太宗也感到奇怪，询问原因。可见一向都是以文章取进士的。上元元年（674）刘晓上疏："礼部取士，专用文章为甲乙，故天下之士，皆舍德行而趋文艺，有朝登甲科而夕陷刑辟者。"建议"陛下若取士以德行为先，文艺为末，则多士雷奔，四方风动矣"！② 他完全在重复杜如晦的意见，按他们所说，要求取人必先有"行著州闾"的名声，难免又回到九品中正的老办法，实际上行不通了。

所谓"永隆中始以文章选士"，是据永隆二年（681）八月的《条流明经进士诏》③，初次规定"进士试杂文两首"，识文律者方能试策。当时进士科考试要过三道关，一是帖经，帖十得

① ［宋］王溥：《唐会要》卷七十四《选部上·论选事》，中华书局，1955年，第1333页。

② ［宋］司马光：《资治通鉴》卷二百二上元元年十二月条，中华书局，1956年，第6374页。

③ ［宋］宋敏求：《唐大诏令集》卷一百六《贡举》，中华书局，2008年，第549页。

四为合格，是上一年才加的；二是试杂文两篇，还是文和诗赋各一；三是试时务策五道，但重在文辞。[①]诏令的意思很明白，"进士文理华赡者"，便应升甲科高第。考功员外郎刘思立认为："明经多抄义条，进士唯诵旧策，皆亡实才。"[②]这进士加试杂文制度，就是因他的建议而规定的，对以后的科举制度影响深远。即如《通典·选举三》所载："及永淳之后，太后君临天下二十余年，当时公卿百辟无不以文章达，因循日久，寝以成风。"唐代文坛的空前繁盛是这一政策的直接产物。

当然仅以文章取士的制度也有不少弊端，不过科举制特别是进士制度，是作为名义上以德行实际上以门第取人的制度的对立面出现的。学而优则仕取代凭门第入仕的制度代表了时代的进步，因此在社会上有热烈的反响，显示了新生事物的强大生命力。无论以后科场取士又怎样讲究起门第关系，出现种种复旧暗流，科举制，特别是进士制还是成为一批寒门出身的有才华的士人——当然也不排斥属于高门的子弟——跃身政治舞台的龙门。姚崇、宋璟、张九龄等名相和陈子昂、刘知幾等文坛巨擘，都是这时期以科举进身的杰出人才。而武则天在唐高

---

① 参见岑仲勉：《隋唐史》，高等教育出版社，1957年，第183页。

② ［宋］欧阳修等撰：《新唐书》卷四十四《选举志上》，中华书局，2011年，第1163页。

盛于唐代的科考场景

宗在世时，便已在一定程度上实现了造就一支有相当实力和潜力的亲信官僚队伍的初衷。

若从唐代文坛，特别是诗坛和科场同步繁荣的事实而言，我们更要给隋唐以来——包括武则天时期——的科举取士制度一点积极的评价。

再说北门学士。

争取社会舆论和广大官僚阶层的同情拥戴，只是一个方面。作为深居后宫的皇后，虽在当时社会条件下可以交通外廷，总还需要手里有一批得力的人替她照管全局，否则是很难代替皇帝掌握朝政的。

在帝制政权结构中，总是存在着皇权与相权这样一对既相互依存，又相互争夺的矛盾。武则天以皇后身份参与政事，却无正当名义同宰相们分权，外廷更不是她能完全控制的，于是她想出了广召文士入禁中修撰，组织第三权力中心的办法。这件事的紧迫性更在于以前为她争皇后位出力的那一班人，不过十来年，就因种种原因淘汰殆尽了。以如意元年（692）追赠的"永徽中有翊赞之功"[①]的六人而言：

李义府，梓州永泰人，出身微族，贞观八年（634）举进士，善属文，太宗令咏乌，他提笔而就："上林如许树，不借一枝栖。"太宗喜曰："当尽借卿全树，何止一枝也！"刘洎、马周皆称荐之，因此与长孙无忌、褚遂良辈交恶。永徽六年（655）武后之立，义府密申协赞，事成拜相。后来因卖官鬻狱

①［后晋］刘昫等撰：《旧唐书》卷八十二《李义府传》，中华书局，2011年，第2770页。

朋党争讼屡被贬责，赖武后常保护。终以泄禁中之语，长流不赦，乾封元年（666）死于巂州（今四川西昌）。

许敬宗，杭州新城人，出身侨姓士族，低于王、谢、袁、萧的第二流名门。隋末与魏徵同在李密部下任记室，后入补秦府学士，资格极老。贞观末曾在定州辅佐太子监国，征辽时代岑文本掌中枢机要，但被长孙无忌等排挤不得入居相位，转而为武昭仪谋皇后位，当时在朝中宣言"田舍翁多收十斛麦，尚欲易妇；况天子欲立后……"的便是他，言辞粗俗，全无礼法教养。显庆之后，久居相位，逐韩瑗、来济、褚遂良，杀梁王、长孙太尉、上官宰相，"朝廷重足事之，威宠炽灼，当时莫与比"①。咸亨初致仕，时年七十九，两年后去世。

崔义玄，贝州武城人，即清河崔氏籍贯，但按《新唐书·宰相世系表》，其父祖以上五代全无名位，疑此谱出自伪造。崔义玄自小熟读五经，大业末由李密处归李渊，永徽初累迁婺州（今浙江金华）刺史，镇压自称文佳皇帝的睦州（今浙江建德东）女子陈硕真起兵，以功拜御史大夫，"高宗之立皇后武氏，义玄协赞其谋，及长孙无忌等得罪，皆义玄承中旨绳

---

① ［宋］欧阳修等撰：《新唐书》卷二百二十三上《许敬宗传》，中华书局，2011年，第6336页。

之"①。显庆中死于蒲州任上。

袁公瑜，陈郡望族。永徽六年（655）告长安令裴行俭与长孙无忌、褚遂良私议改立武昭仪为后之事，裴行俭因此外贬。显庆四年（659）为中书舍人，时受许敬宗遣诣黔州，逼长孙无忌自缢。此后不久即因外贬流徙，不预朝政。垂拱元年（685）殁。②

王德俭，许敬宗外甥，任中书舍人，也应是精通文辞者。父、祖、曾祖三代在南朝为将军、刺史，可能是南迁的琅邪王氏。③最早为李义府出谋翊戴武则天的便是他。后来事迹不详。

侯善业④，上谷人，先世无考，疑出微族。初为大理正，后官至刑部侍郎。

以上六人，乾封后只许敬宗还在朝。另一位，永徽末支持武则天争皇后位起了关键作用的李勣，永徽四年（653）便拜正一品司空，六十岁解政事。总章元年（668），以七十五岁高龄

---

① ［后晋］刘昫等撰：《旧唐书》卷七十七《崔义玄传》，中华书局，2011年，第2689页。

② 承鲁才全先生指正，袁公瑜后期事迹详见墓志，载河南省文物研究所、河南省洛阳地区文管处编：《千唐志斋藏志》，文物出版社，1983年。

③ ［宋］欧阳修等撰：《新唐书》卷七十二中《宰相世系表》，中华书局，2011年，第2628页。

④ 《元和姓纂》卷五作"侯喜业"，据岑仲勉校记改。

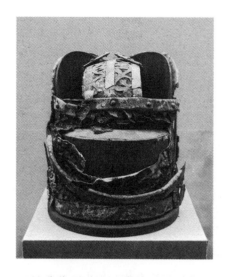

三梁进德冠（1971 年出土于李墓，为我国目前所能见到的最早的唐代帽子实物）

挂帅征高丽克平壤，翌年便病逝。这样，当年拥戴武则天的原班人马，到乾封年间只剩下两个不久于人世的耄耋老人，没多少活动能量了。武则天从泰山封禅回来，不免踌躇满志，但她并没有陶醉在那一时的荣耀里，她现在还不能登顶告天主持封泰山的仪式，她有更高的目标，于是她清醒地制定了下一步政治战略，其中很关键的一着是重新物色一批文人学士，作为自己新的亲信力量。

这批文士被特许从北门即玄武门出入禁中，时人称之为"北门学士"。现在知名的有刘懿之、刘祎之、元万顷、范履冰、苗神客、周思茂、胡楚宾、卫敬业等。

刘懿之，常州晋陵人，士族出身，官至给事中。

刘祎之（631—687），刘懿之弟，少以文藻知名，为左史时召入禁中修撰，官至宰相。

元万顷（？—689），洛阳人，元魏皇室后裔，善属文，被召入禁中修撰，官至凤阁侍郎。

范履冰（？—690），怀州河内（今河南沁阳）人，进士出身，召入禁中凡二十余年，官至宰相。

苗神客，沧州东光人，乾封元年幽素科及第，为左史时召入禁中修撰，官至著作郎。

周思茂（？—688），贝州漳南（今山东武城西北）人，少以文才知名，为右史时召入禁中修撰，官至麟台（秘书）少监。

胡楚宾①，宣州秋浦人，为右史时召入禁中修撰，官至崇贤直学士。

卫敬业，每酒后操笔，属文敏速，被召参与武则天署名书的编撰。

这些人，有的出身士族，有的经过科举，不拘一格，但初用时，多是记言的左史、记行的右史或著作郎。唐高宗改起居郎和起居舍人为左、右史，事在龙朔二年（662）至咸亨元年（670）之间，所以北门学士之初设应是乾封（666—668）前后之事，《资治通鉴》系于上元二年（675）不确。

这些文章高手被以修撰为名召入禁中后，也确实写成了一批署武则天名的著作，如《列女传》、《臣轨》二卷、《百寮新诫》五卷、《少阳政范》三十卷、《青宫纪要》三十卷、《列藩正

---

① 《旧唐书·刘祎之传》作"韩楚宾"。

论》三十卷、《维城典训》二卷、《训记杂载》十卷等。多数是对太子以下各等臣民制定行为规范的儒家说教，作为先此颁行的《唐律》的补充；也有涉及文艺科技的《乐书》《兆人本业》。《兆人本业》在唐代作为指导生产的农政经典被长期使用，贞元六年（790）"中和节，始令百官进太后所撰《兆人本业记》三卷"[1]。"太和二年（828）二月，宰臣李绛进则天太后删定《兆人本业记》三卷，宜令诸州刺史写本，散配乡村。"[2]可惜此书和《乐书》都早已不传，仅存的希望是将来从打开的乾陵里出土。

开馆延揽学士论学著述，历来是有政治色彩的举动。唐初就有过李世民的秦王府文学馆和李泰的魏王府文学馆。秦王府文学馆聚集了一代贞观名臣，而李泰和太子承乾争位失败，文学馆亦废。北门学士是又一代风流，倚武则天这时的权位，他们已直接干预国事："朝廷疑议及百司表疏，皆密令万顷等参决，以分宰相之权。"[3]

此后二十余年中，武则天不仅在皇后位上坐得稳稳当当，

① ［宋］王溥：《唐会要》卷二十九《节日》，中华书局，1955年，第544页。

② ［宋］王溥：《唐会要》卷六十九《都督刺史已下杂录》，中华书局，1955年，第1214页。

③ ［后晋］刘昫等撰：《旧唐书》卷一百九十中《元万顷传》《周思茂传》，中华书局，2011年，第5011页。

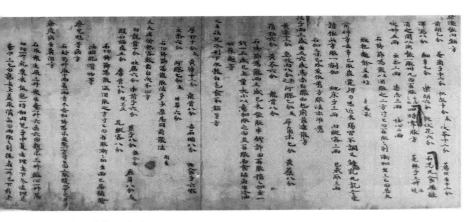

武则天时期医方卷纸

高宗死后又临朝称制，并逐步造成改唐为周的形势，这北门学士智囊班子为她造舆论定主意是出过不少力的，多数被擢升为三四品高官。如周思茂、范履冰"最蒙亲遇，至于政事损益，多参预焉"[1]。特别是刘祎之，嗣圣元年（684）武则天临朝时，在废中宗立睿宗的事变中十分得力，擢为宰相，"时军国多事，所有诏敕，独出祎之，构思敏速，皆可立待"。他又能"推善于君，引过在己"，所以"甚见亲委"。"祎之我所引用"[2]，武则天把他看作自己一手提拔起来的心腹。这批人一直用到称帝前才

---

① ［后晋］刘昫等撰：《旧唐书》卷一百九十中《元万顷传》《周思茂传》，中华书局，2011年，第5011页。

② ［后晋］刘昫等撰：《旧唐书》卷八十七《刘祎之传》，中华书局，2011年，第2848页。

换马。当然那时武则天总揽朝纲，用人众多，远远不止于这些北门学士了。

"建言十二事"是上元元年（674）武则天称天后以后四个月上书的十二条意见，内容为：

一、劝农桑，薄赋徭；

二、给复三辅地；

三、息兵，以道德化天下；

四、南北中尚禁浮巧；

五、省功费力役；

六、广言路；

七、杜谗口；

八、王公以降皆习《老子》；

九、父在为母服齐衰三年；

十、上元前勋官已给告身者无追核；

十一、京官八品以上益禀入；

十二、百官任事久，材高位下者得进阶申滞。①

---

① ［宋］欧阳修等撰：《新唐书》卷七十六《则天武皇后传》，中华书局，2011年，第3477页。

隋唐洛阳城国家遗址公园明堂遗址内部的"建言十二事"

自乾封元年（666）封禅以后，国内经济形势一度逆转，连年冬无雪，水旱虫雹灾害引起局部饥荒，京畿关中尤甚，紧急转运太原仓和江南租米赈救。所以建言劝农桑，薄赋徭，给复三辅地，并禁浮巧，省力役。

那些年四方用兵，东征高丽、新罗，南击叛蛮，西战吐蕃，薛仁贵大败于大非川，罢安西四镇。朝廷穷于应付，所以建言息兵。

当年追复长孙无忌官爵，许其归葬昭陵，这是广言路、杜谗口的一种姿态。

"请王公百僚皆习《老子》，每岁明经一准《孝经》《论语》

例试于有司。"① 表示尊礼奉为李唐先祖的老子李聃。这被认为是这时的武则天并没有篡唐想法的明证。

父在为母服丧三年，有意提高妇女地位。她在表中称："夫礼，缘人情而立制，因时事而为范，变古者未必是，循旧者不足多也。至如父在，为母止服一期，虽心丧三年，服由尊降，窃谓子之于母，慈养特深，生养劳瘁，恩斯极矣。所以禽兽之情，犹知其母，三年在怀，理宜崇报。若父在为母止一期，尊父之敬虽同，报母之慈有缺。且齐斩之制，足为差减，更令周以一期，恐伤人子之志。今请父在为母终三年之服。"② 以前都按《仪礼》和《礼记·丧服》的规定："父在为母齐衰期。"期即一年丧。增为三年，提高了母亲——妇女的地位。时间上与为父亲服丧的期限一致了。但所穿丧服齐衰裳，所用粗麻布比斩衰裳的布稍细，衣边又经缉齐，齐衰裳轻于更粗制的斩衰裳。原因是"天无二日，土无二王，国无二君，家无二尊"，既然父尊还在，为亡母只能服次于斩衰裳的第二等丧服，这是武则天也无能为力的了。

唐高宗诏准武后的这一请求，她本人临朝时又将此编入

---

① ［后晋］刘昫等撰：《旧唐书》卷五《高宗纪下》，中华书局，2011年，第99页。

② ［宋］王溥：《唐会要》卷三十七《服纪上》，中华书局，1955年，第675页。

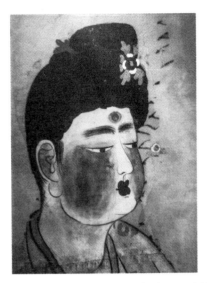

张礼臣墓出土的彩绘仕女屏风画（局部）（左）

唐代妇女（右）

《垂拱格》。后来又被纳入《开元礼》，"子为母"条有"齐缞三年正服"。开元二十年（732），"萧嵩与学士改修五礼，又议请依上元元年敕，父在为母齐衰三年为定。及颁礼，乃一切依行焉"[1]。虽然武则天倡导的这一改制曾备受指责："开元五年，右补阙卢履冰上言：'准礼，父在为母一周除灵，三年心丧。则天皇后请同父没之服，三年然始除灵。虽则权行，有紊彝典。'"

---

[1] ［宋］王溥：《唐会要》卷三十七《服纪上》，中华书局，1955年，第678页。

他还把此事与武则天篡政联系起来："原夫上元肇年，则天已潜秉政，将图僭篡，预自崇先。请升慈爱之丧，以抗尊严之礼。"[①]争论结果，因武则天这一改制已深入人心，依旧执行。

第十条慰抚被夺赐破勋而生怨恨的勋官，第十一条增加京官俸禄，第十二条提拔有才能的百官，着意笼络官僚队伍。仪凤元年（676）经她奏请而停罢"群臣纳半俸，百姓计口钱以赡边兵"[②]的权宜办法。这和所下的《访孝悌德行诏》[③]，可视为这一建言精神的贯彻，专门从关陇以外的"山东、江左"选择人物，更意味深长。

很明显，建言十二事涉及国家经济、军事、社会、政治许多方面，具有政纲性质的号召力，史称"帝皆下诏略施行之"[④]。限于保留下来的资料不多，难于更具体地估量武则天所上这些意见的影响，但也足以可见这位权侔人主的天后已经全心力地在张罗国事了。

---

① ［后晋］刘昫等撰：《旧唐书》卷二十七《礼仪志七》，中华书局，2011年，第1027页。

② ［宋］欧阳修等撰：《新唐书》卷七十六《则天武皇后传》，中华书局，2011年，第3477页。

③ ［宋］宋敏求：《唐大诏令集》卷一百二，中华书局，2008年，第520页。

④ ［宋］欧阳修等撰：《新唐书》卷七十六《则天武皇后传》，中华书局，2011年，第3477页。

约略回顾一下自显庆四五年武则天以皇后、天后身份参政以来，修订《姓氏录》、扩充官僚队伍、组织北门学士、建言十二事……从提高武姓本家和在职群臣的社会地位，扩大亲信队伍，培植核心班子到抛出政治纲领，很有章法地行事，逐步发展了自己的实力和影响，事情做得扎实稳当不急不躁，充分体现出一个大政治家的心计。在中国古代社会里，她能做稳唯一的女皇帝，成功的奥秘正是在这些地方吧。

# 十 太子之薨：

武则天生命中的一桩谜案

上元二年（675）四月，年仅二十四岁的皇太子李弘，即唐高宗第五子、武则天所生长子，在随父皇、母后游幸东都苑内最西端的合璧宫时，突然死于宫中绮云殿。关于他的死，史籍记载不一，究竟是否母后武则天鸩杀，也成为武则天历史中的一桩谜案。

现存关于李弘死于非命的材料，最早是唐肃宗时出的。一是柳芳，他在《唐历》中写道："弘仁孝英果，深为上所钟爱。自升为太子，敬礼大臣鸿儒之士，未尝居有过之地。以请嫁二公主，失爱于天后，不以寿终。"① 二是李泌，他对唐肃宗说："高

① 转引自《资治通鉴》卷二百二《考异》，中华书局，1956年，第6377页。

宗大帝有八子，睿宗最幼。天后所生四子，自为行第，故睿宗第四。长曰孝敬皇帝，为太子监国，而仁明孝悌。天后方图临朝，乃鸩杀孝敬，立雍王贤为太子。”[①]

三彩棨戟架

所谓“不以寿终”，既可说是遇鸩被害，也可解释为夭折早逝，死因难以判明，姑且不论。李泌的说法则很明确，他这段话还被《唐会要》卷二《追谥皇帝》和《资治通鉴》卷二百二十至德二载所采录。此外，《新唐书》的《高宗皇帝纪》《则天武皇后传》《孝敬皇帝弘传》也都据以记明李弘是被鸩杀的。

细审材料，疑问不少。

《资治通鉴》卷二百二上元二年的记法尽管稍留有余地，推说：“时人以为天后鸩之。”但从《资治通鉴》这一节的叙事逻辑，在议使武则天摄知国政不成，武则天用北门学士和太子

① ［后晋］刘昫等撰：《旧唐书》卷一百一十六《承天皇帝倓传》，中华书局，2011 年，第 3385 页。

数忤旨失爱于天后，并因奏请嫁义阳、宣城二公主使天后怒之下，径记太子忽然在合璧宫死去，分明是要给人造成一种武则天鸩杀太子弘的印象。《资治通鉴》的撰修人之一范祖禹即说："李泌以为武后欲谋篡国，鸩太子弘，盖高宗不之知而后复加之尊名以掩其迹。"[①] 但使他们感到为难的是他们当时还能见到的《实录》并不言弘遇鸩。本于《实录》的《册府元龟》卷二百六十一《储宫部·追谥》也只记一个"薨"字。《旧唐书》的《高宗纪》和《孝敬皇帝弘传》同样不提遇鸩。因为刘昫等修这部分时将吴兢的《国史》"用为蓝本"[②]，而吴兢本人即参与过《实录》的编修，所以从这一系统来的材料本无李弘被鸩杀之说。《资治通鉴》有意把前后多年的许多材料堆到上元二年（675）四月李弘薨于合璧宫时，如系在当年三月的议使天后摄知国政被郝处俊谏止一事应是以后上元三年的事，引北门学士始自十年前乾封年间[③]，系在四月的请嫁二公主是咸亨二年之事[④]。司马光他们就是要凑成一点武则天杀太子的背景材料，但

----

① ［宋］范祖禹：《唐鉴》卷七《高宗》，商务印书馆，1937年，第60页。

② ［清］永瑢、纪昀等撰：《四库全书总目提要》卷四十六《史部·正史类二·旧唐书》，中华书局，2003年，第410页。

③ ［宋］王溥：《唐会要》卷五十七《翰林院》："乾封已后，始号北门学士。"见中华书局，1955年版，第977页。

④ ［后晋］刘昫等撰：《旧唐书》卷八十六《孝敬皇帝弘传》，中华书局，2011年，第2789页。

又怕玷污了信史的美名，在《考异》里留了几句老实话："按弘之死，其事难明，今但云时人以为天后鸩之，疑以传疑。"

因此要特别研究一下李泌那段话。李弘死后八九十年，突然从李泌嘴里冒出那么一段"天后方图临朝，乃鸩杀孝敬"，他是根据什么说的，我们毫无所知，唯可以明白的是，他说这段话是想以古喻今，当时李泌担心肃宗在张后的挟制下再杀长子李俶，便以武则天的往事为殷鉴，拿李弘比附当年被张良娣、李辅国进谗言害死的肃宗第三子李倓，于是把李弘说成是被鸩杀的。李泌怀有具体政治目的的这种说法究竟在多大程度上可信就是个问题了。何况李泌那席话里还有一个明显的破绽，他给肃宗讲了一个《黄台瓜辞》的故事，辞云："种瓜黄台下，瓜

唐恭陵，孝敬皇帝李弘（高宗第五子，656年立为皇太子）之墓

熟子离离。一摘使瓜好，再摘令瓜稀，三摘犹尚可，四摘抱蔓归。"李泌说辞是李贤所作，"令乐工歌之，冀天后闻之省悟，即生哀愍"。用四个瓜比喻他们亲弟兄四人，可李贤是老二，他怎能说出"再摘"不过"令瓜稀"，"三摘犹尚可"的话来呢？李泌意在谏说："陛下有今日运祚，已一摘矣，慎无再摘。"[1]但他用《黄台瓜辞》来做比喻也太犯忌和离谱了，难免让人生疑，他讲武则天和李弘、李贤的历史还有几分可信。

职在记言记行的史官们当时照录不误，于是李泌的话载入《肃宗实录》，经过于休烈、令狐峘等人陆续修成的《唐书》，辗转成为刘昫修《旧唐书》、王溥撰《唐会要》等书的根据。他们对李弘到底是不是被鸩杀的事实是用不着详加考核的。所以今天我们从这些书中能见到天后鸩杀孝敬的记载。不过这一部分材料可信程度恐怕远不如《旧唐书》前半部分的《本纪》和《孝敬皇帝弘传》了。

那么李弘究竟是如何死的？

一方面要充分估计武则天和李弘之间的矛盾。进入670年后儿子长大了，他"仁孝谦谨，上甚爱之；礼接士大夫，中外属心"。自咸亨二年（671）正月皇帝出幸东都，命太子留京师

---

① ［后晋］刘昫等撰：《旧唐书》卷一百一十六《承天皇帝倓传》，中华书局，2011年，第3385页。

监国；咸亨四年（673）八月，皇帝因病令太子受诸司启事，屡次实习朝政。这年太子又娶禁军将军闻喜大姓裴居道之女为妃，十月完婚。皇帝对儿媳"甚有妇礼"，十分满意，说："东宫内政，吾无忧矣。"[1] 皇帝虑及自己身体不支，有禅位太子之意。

长大成人的儿子使武则天忧心忡忡，眼看着她将丧失辅助有病的丈夫执掌朝政的权力，因为这儿子对自己并不像丈夫那样百依百顺。咸亨二年（671）他留在长安监国时，发现宫中幽闭着他的两个异母姐姐——萧淑妃生的义阳、宣城二公主，她俩生于永徽元年（650）前后，已经年过二十，按当时十五六岁出嫁，已是老姑娘了。太子满怀恻隐之心奏请父皇准她们出阁，不料惹恼了皇后，她气愤地当下就把两位公主配给卫士。此后，"太子奏请，数迕旨，由是失爱于天后"。权力之争啮噬着他们母子的感情。

再说太子妃初选的是司卫少卿杨思俭女，望族出身，书香门第，又"有殊色"，很漂亮，婚期已定，不料姑娘竟被武则天外甥贺兰敏之"逼而淫焉"。[2] 这位皇后长姊韩国夫人之子、武士彟的第一位后嗣荒暴地破坏了这桩婚事，使李弘的婚姻大事

①［后晋］刘昫等撰：《旧唐书》卷八十六《孝敬皇帝弘传》，中华书局，2011年，第2830页。

②［后晋］刘昫等撰：《旧唐书》卷一百八十三《武承嗣传》，中华书局，2011年，第4728页。

推后三年，乃至太子无子绝后，这造成李弘同母后娘家人的宿怨，加深了母子感情的裂痕。

那么武则天会不会因此就对长子下毒手呢？不能完全排除这种可能性，当年她就亲手扼杀过幼小的长女。但是她接连生了四个儿子。次子李贤与长子相差不到两岁，李弘死了，李贤会接上来，杀一个并不解决问题。而且在合璧宫下手更不无顾忌，高宗皇帝就在宫里，在眼皮底下做手脚很难使他"不之知"，万一鸩杀了太子，事情传扬出去，武则天将丧失夫君的信赖，丧失到手的权力和天下的人心等一切的一切。很难设想一个精明过人的政治家会鲁莽地去冒这么大的风险。

太子李弘毕竟是死了。很可能他就是死于病，痨病的突发。

李弘原是多病的。咸亨二年（671）监国时，即因"太子多疾病，庶政皆决于（戴）至德等"。① 娶裴氏以后一年半中未能有子胤，大概也和他的病有关。他死后接连下的《皇太子谥孝敬皇帝制》和《册谥孝敬皇帝文》中都提到他有"旧疾""沉痾"。五月五日的制文："庶其痊复，以禅鸿名，及膝理微和，将逊于位。而弘天资仁厚，孝心纯确，既承朕命，掩

---

① ［后晋］刘昫等撰：《旧唐书》卷八十六《孝敬皇帝弘传》，中华书局，2011年，第2829页。

歇不言，因兹感结，旧疾增甚……永诀于千古。"① 八月五日的
册文："顷炎氛戒节，属尔沉疴，实冀微瘳，释余重负。粤因瘳
降，告以斯怀，尔忠恳特深，孝情天至，闻言哽咽，感绝移时，
因此弥留，奄然长逝。"② 都详细记叙了李弘临终时的情况。《旧
唐书·孝敬皇帝弘传》所录制文与《唐大诏令集》所载略有差
异，多"自琰圭在手，沉瘵婴身"几个字，这就具体说明是肺
痨病了。

　　还有一篇当年八月十九日李弘安葬于恭陵时唐高宗写的
《孝敬皇帝睿德记》，也说李弘听到父皇将推大位，闻言哽咽，
"伏枕流歇，哽绝移时，重致绵留，遂咸沉痼。西山之药，不救
东岱之魂；吹汤之医，莫返逝川之命"。还提到了抢救医治的
事。《金石萃编》卷五十八收录了这篇碑记，王昶在跋文中并
说："太子之薨，由于多病，而又闻禅位之语，盖致不起也！"
他反问："即使太子受禅，天后自度亦不难制其子，何至以请嫁
二主激怒，遽萌杀子之心！"他是不同意欧阳修、司马光的说
法的。

　　汤用彤先生赞同王昶的看法。他考证敦煌卷子中的御制

---

　　① ［宋］宋敏求编：《唐大诏令集》卷二十六《皇太子谥孝敬皇帝
制》，中华书局，2008 年，第 85 页。
　　② ［宋］宋敏求编：《唐大诏令集》卷二十六《册谥孝敬皇帝文》，中
华书局，2008 年，第 86 页。

唐恭陵前的石人

《一切道经序》是按武则天口气写的，甚至是武后自己撰的。分析序文中略赞孝敬皇帝之德，并有"拂虚怅（帐）而摧心，俯空莛而咽泪，兴言鞠育，感痛难胜"①等语，他说："李弘本多病，闻高宗欲让位给他，因兹感结旧疾增甚，医治不愈终致死亡。而观《序》文，武后自言感痛难胜，为写《一切道经》，与高宗在《纪》（《孝敬皇帝睿德记》）中说'天后心缠积悼，痛结深慈'亦相吻合。这些都完全否定他书关于武后杀子之传说。"②

分析至此，我们是否可以做如下判断：尽管李弘和母后确有以权力之争为背景的种种矛盾冲突，但他毕竟已患了多年的肺痨，由父皇发布的多个制诏文书可以做证他是病亡的，不是母后害死的。所谓被武则天鸩杀之说是李泌的杜撰，后来被欧

---

① 伦敦所藏敦煌写本斯字 1513 号。
② 《从"一切道经"说到武则天》，《光明日报》1962 年 11 月 21 日。

阳修、司马光、范祖禹等加工塞进历史。但事情真是一波三折。1995 年西安新出一方李弘的太子家令阎庄墓志铭，阎庄死于李弘去世的当年，"积瘵俄侵，缠螳床而遭祸；浮晖溘尽，随鹤版而俱逝"①。铭文虽晦涩，显然他也是遭风霜相逼，飞来横祸而死。且阎庄作为名臣阎立德的次子，《新唐书·宰相世系表》不载，似有被除籍之疑。由此联想李弘之死，判断的天平又倾向非正常死亡一边。难为撰写志文的李俨，与他们同在东宫任太子率更令，当时虽不能公开仗义执言，还是借这方埋入地下不为时人所知的墓志，闪烁其词，留下两人一前一后枉死的蛛丝马迹供后人揣摩。

---

① 臧振：《西安新出阎立德之子阎庄墓志铭》，载《唐研究》第二卷，北京大学出版社，1996 年。

十一 逊位之议：

『女主临朝』的端倪始现

　　皇太子李弘的死对身体情况很不好的唐高宗皇帝，无疑是一重大打击。一年多以前才为东宫纳妃完毕，皇帝像安排好了后事似的，以为没有后顾之忧了，不料嗣子先亡，又一切枉然了。虽然他又马上立年已虚岁二十三的次子李贤为太子，但自己"苦风眩甚"，实在没有多少精力操劳国事。逊位太子李弘未成，顾及李贤还毫无经验，于是想交权给皇后。

　　《资治通鉴》把皇帝"议使天后摄知国政"一事系在上元二年（675）三月，和《旧唐书·高宗纪下》一样，但都没有纪日。若这样，事情正在李弘死之前一个月。但两书关于此事系年有错。

　　《新唐书·则天武皇后传》的记法是对

的，"帝将下诏逊位于后"，事在李弘死之后。《旧唐书·郝处俊传》更明确记为上元三年（676）的事。当时郝处俊任中书令兼太子宾客，两唐书本传记法一致，所以事情肯定发生在上元二年九月郝处俊兼太子宾客的任命之后，不会在李弘去世之前。

再从当时唯一附和郝处俊意见的李义琰来说，诸书一致记他当时职务为"中书侍郎"，而后他在上元三年四月擢升宰相"同中书门下三品"。

综上所述可以论断，高宗提出此议，事在上元三年正月至四月间，即李弘死后大半年以后。如按《资治通鉴》系年，以为三月里武则天图谋摄政被阻而遽萌杀子之心，以至四月李弘遇鸩身亡。这完全是司马温公等有意无意制造的误会。历史学家用这类笔法为人罗织罪名，是轻而易举的事情。

另外，关于这一事件本身史籍有两种提法：一是"摄政"，如《旧唐书·高宗纪下》和《资治通鉴》；二是"逊位"，如《新唐书》的《则天武皇后传》和《郝处俊传》。《旧唐书·郝处俊传》含糊其词，记为："欲逊位，令天后摄知国事。"由《唐书·郝处俊传》和《资治通鉴》所载郝处俊进谏原话都涉及"传位"给谁来看，唐高宗提出的问题，是比摄政更进一步的逊位。

这是一个重要的讯号，表明武则天能不能受大位当女皇帝，在唐高宗的思想里并不成问题，至少那一时他是这样想过的。

这在中国古代社会里可谓是一种有闪光的思想。十五年后武则天步上女皇宝座那震惊世人的壮举，是这时唐高宗给了她第一个明确的推动。

皇帝破天荒提出逊位给皇后，征询宰相们的意见。这时在相位上的张文瓘、戴至德、李敬玄、刘仁轨等多人，对皇帝要逊位一事都噤若寒蝉，不敢置喙，唯有中书令郝处俊"固谏"以为不可，慷慨陈词：

> 尝闻《礼经》云："天子理阳道，后理阴德。"则帝之与后，犹日之与月，阳之与阴，各有所主守也。陛下今欲违反此道，臣恐上则谪见于天，下则取怪于人。昔魏文帝著令，身崩后尚不许皇后临朝，今陛下奈何遂欲躬自传位于天后。况天下者，高祖、太宗二圣之天下，非陛下之天下也。陛下正合谨守宗庙，传之子孙，诚不可持国与人，有私于后族。①

宰相之外，中书侍郎李义琰进言呼应郝处俊，力劝唐高宗："处俊所引经旨，足可依凭，惟圣虑无疑，则苍生幸甚。"

---

① ［后晋］刘昫等撰：《旧唐书》卷八十四《郝处俊传》，中华书局，2011 年，第 2799—2800 页。

于是帝曰："是。"事遂止。① 皇帝一向重视外廷意见，看到逊位皇后的事遭他俩激烈反对，自己便不十分坚持，就此偃旗息鼓了。

郝处俊，安州安陆人，出身名门，祖辈历任南梁、北周的太守、刺史。② 其父郝相贵，隋末与岳父许绍一起归唐，拜滁州刺史。江淮间俚语："贵如许、郝。"许即许绍，其少子许圉师官至侍中，为郝处俊舅。两家俱贵盛，著名于江淮间。

李义琰，魏州昌乐人，其先自陇西徙山东，"世为著姓"③。

他们站出来搬弄经义，反对武则天掌权，和少时"贫贱"能与武则天始终保持亲近关系的刘仁轨有别，其中不无出身门第异同的成见。事后不久李义琰却被提为宰相。武则天苦心经营了二十年，政治实力在稳定增长，但还未能控制外廷，所以这次皇帝的提议未能实现。她看到皇帝态度已变，便没有发作，事情表面上平静地过去了。她有足够的耐心——政治家必须的耐心——去等待新的机会。

但这次流产的事变种下了武则天做皇帝的心思，树立了她

---

① ［后晋］刘昫等撰：《旧唐书》卷八十四《郝处俊传》，中华书局，2011 年，第 2800 页。

② ［唐］林宝：《元和姓纂》卷十，中华书局，1994 年。

③ ［后晋］刘昫等撰：《旧唐书》卷八十一《李义琰传》，中华书局，2011 年，第 2756 页。

一生奋斗的目标。她也没有忘记出头谏阻的郝处俊。垂拱年间武则天杀他的孙子太子通事舍人郝象贤，这位士族公子"临刑言多不顺"，勾起往事，激怒了武则天，"令斩讫仍支解其体，发其父母坟墓，焚爇尸体，处俊亦坐斫棺毁柩"。① 事隔十年，报了宿怨。李义琰则"自以失则天意，恐祸及"②，武则天临朝时不敢接任怀州刺史，郁郁卒于家。

---

① ［后晋］刘昫等撰：《旧唐书》卷八十四《郝处俊传》，中华书局，2011 年，第 2801 页。

② ［后晋］刘昫等撰：《旧唐书》卷八十一《李义琰传》，中华书局，2011 年，第 2757 页。

太子李弘死后一个月，雍王李贤被立为太子，时为上元二年（675）六月。

在武则天的四个儿子孝敬皇帝李弘（或作宏、洪）、章怀太子李贤、唐中宗李显（哲）、唐睿宗李旦（轮）中，第二子李贤天分最高。自幼"容止端雅"①，小小年纪便读了《尚书》《礼记》《论语》，过目不忘，还能背诵古诗赋十余篇。有一次唐高宗让他读《论语》，读到"子夏曰：'贤贤易色……'"②，复诵再三。这句话的意思是

---

① [后晋] 刘昫等撰：《旧唐书》卷八十六《章怀太子贤传》，中华书局，2011 年，第 2831 页。

② 见《论语·学而》，注为："言以好色之心好贤则善。"

在"贤"和"色"两者之间，要重修养轻容貌，李贤当时似已能约略领会，说性爱此言，使父皇惊讶之余，倍加钟爱。

可是他并不讨母后的喜欢，武则天对他常加申饬，后来执拗地要唐高宗废他为庶人，最后又派人去巴州将他杀死，他的下场在四个儿子中最惨。为什么这样不见容于母后呢？原因可从两个方面探寻：一、母子间争权的矛盾冲突；二、李贤不是武则天亲生。

先说第二点。

《旧唐书·高宗纪上》记李贤生于永徽五年（654）十二月十七日去昭陵的路上，是早产。前年年末，武则天生下长子李弘，在李弘和李贤之间还生过一女，即被亲手扼杀的长女。这三个孩子生在两个年头里，李贤正常的预产期应在永徽六年元旦拜谒昭陵之后一些日子，否则他母亲是不会临产还冒险颠簸上路的。但事出意外，李贤不足月早产了，而且是数九天生在路上，当时要活下来很不容易。后来又确有宫人私下传说："贤是后姊韩国夫人所生，贤亦自疑惧。"[1]韩国夫人嫁贺兰越石，生有一子一女，早年守寡。永徽中唐高宗纳武则天进宫为昭仪以后，她以大姨子身份出入禁中，也得幸于皇帝。所以如果武则

---

[1]［后晋］刘昫等撰：《旧唐书》卷八十六《章怀太子贤传》，中华书局，2011年，第2832页。

天小产孩子死了，正巧那前
后她寡姐也临盆生子——这
孩子的父亲是皇帝无疑——
那么悄悄地抱来私生子顶替
是可能的。仅仅一个月后，
皇帝又给这刚满月的小孩封
王，也似有什么缘故，急急

章怀太子墓出土鉴若止水铜镜

忙忙要肯定小孩的身份地位。比如他哥哥李弘就不是这样，是
直到这时年已三岁才和李贤同日封王[1]。

　　皇帝和寡姐当然会同意这一安排，给他们没名分的孩子一
个较好的出路。武则天也会愿意，多一个儿子会使她在后宫的
地位更加优越，何况那时王、萧还在，她地位不稳，须"屈身
忍辱，奉顺上意"，不会为此和大君寡姐闹别扭。所以宫人所传
李贤为韩国夫人所生并非完全不可能。更有可能，当时先将早
产儿送回京城抢救不成功一事，就没有告诉武则天，径直抱来
韩国夫人所生子充为次子，连武则天自己都不知道，所以宫人
的传言神神秘秘的，李贤长大后有所风闻，"亦自疑惧"。当然
这事现在很难查证确凿了，但若顺这思路去认识武则天和李贤

------

　　[1]《旧唐书》卷八十六《孝敬皇帝弘传》："永徽四年，封代王。"误。
从《新唐书》和《资治通鉴》。

的冲突，许多问题可以迎刃而解。①

再说第一点，母子间争权的矛盾冲突。

上元二年（675）六月，即李弘死后一个月，二十二岁的李贤被立为皇太子。那时皇帝一度想逊位于皇后的念头被打消后，就一心培植这个儿子了，屡次命他监国，"太子处事明审，时人称之"。表现得比他哥哥更有能力。这使皇帝很高兴，仪凤元年（676）手敕褒奖，说：

> 皇太子贤自顷监国，留心政要。抚字之道，既尽于哀矜；刑网所施，务存于审察。加以听览余暇，专精坟典。往圣遗编，咸窥壶奥；先王策府，备讨菁华。好善载彰，作贞斯在，家国之寄，深副所怀。②

所说"专精坟典"，是李贤召集一批学者，当年注《后汉书》成功。其中隗嚣等九传的注有"臣贤按"语，为李贤自注，多是以他书校雠，说明异同，间有训诂音义和名物制度的注释，没

---

① 熊德基先生在"文革"后，曾出《论武则天》，将武则天及其支持者，始终当作"宫廷奸党"批判。读到拙著后特地函告，对自己没有注意宫人传说李贤是韩国夫人所生的材料，有些遗憾。

② ［后晋］刘昫等撰：《旧唐书》卷八十六《章怀太子贤传》，中华书局，2011年，第2832页。

有什么发明。但参与注书的有太子左庶子张大安，太子洗马刘讷言，洛州司户参军格希玄，学士许叔牙、成玄一、史藏诸、周宝宁等，都是当时学者。为首的张大安，父张公谨，早年由李勣、尉迟敬德推荐入李世民幕府，玄武门事变前力主率先发难，不问占卜吉凶，事变中死守玄武门，拒东宫、齐府兵于门外，后定为凌烟阁功臣。张大安仪凤二年（677）后在相位三年多，一直是李贤最得力的宫僚。李贤以太子身份聚集这些学者名臣注《后汉书》，意义不仅如颜师古注《汉书》，为注而注，也是在政治上增添羽翼，是在后党北门学士之外并立太子系的另一宗派，这会使武则天很不高兴。

仪凤二年（677）三月，曾反对逊位于武则天的中书令郝处俊兼太子左庶子，同中书门下三品李义琰兼太子右庶子。四月，太子左庶子张大安拜相。当时宰相还有七人，唯刘仁轨一人与武则天关系比较密切；此外，李敬玄三娶皆山东士族，门阀观念极浓，且与刘仁轨不和；高智周、薛元超皆以文学进用，政治上不偏不党；张文瓘、来恒、戴至德在仪凤三、四年间都相继去世。其中来恒弟来济，即当年密表谏不可立武则天为宸妃，后被许敬宗参为褚遂良朋党外贬者。这样，仪凤年间唐高宗安排的宰相班子基本上是太子李贤的人，反武则天的力量有一定优势。

仪凤四年（679）五月，皇帝再次命太子监国。武则天面临身体越来越坏的唐高宗去世后大权完全落到李贤手里的危机。她加紧训诫控制，命北门学士撰《少阳正范》和《孝子传》给李贤读，还"数作书诮让之"。可是李贤并不顺从，武则天越来越不安，母子间矛盾在明崇俨死一事上表面化。

明崇俨官不过正五品正谏大夫，乾封元年（666）才应封岳举入仕，通文学、医道，还常假借神道指陈时政，深得高宗武后信重，特令入阁供奉。明崇俨曾密言英王类太宗而相王贵，"私奏章怀太子不堪承继大位"①。这话被李贤探知，"每日忧惕，知必不保全"②，作的乐曲《宝庆乐》也是哀伤的。仪凤四年（679）五月一天夜里明崇俨突然遇刺身亡，四天后皇太子监国，案不能破。武则天怀疑是李贤派的刺客，当时有太子潜使人害之的说法。

武则天再不能容李贤了，找了一些微不足道的小事，即"太子颇好声色，与户奴赵道生等狎昵"之类，指使人告发。皇帝下诏命宰相薛元超、裴炎和御史大夫高智周审理此案，兴师动众搜东宫，于马坊查获皂甲数百领以为反具，赵道生也迫不得已承认明崇俨是他受太子指使杀的。唐高宗素爱太子，想宽

---

① [后晋] 刘昫等撰：《旧唐书》卷一百九十一《明崇俨传》，中华书局，2011 年，第 5097 页。

② [后晋] 刘昫等撰：《旧唐书》卷一百一十六《承天皇帝倓传》，中华书局，2011 年，第 3385 页。

宥他。本来太子东宫有左右卫率等武装护卫，存些甲胄器仗是可以托词开脱的，但武则天反常地执意要依法从事，说："为人子怀逆谋，天地所不容；大义灭亲，何可赦也！"调露二年（680）八月，太子贤被废为庶人，押回京师幽禁起来。数百领皂甲拉到洛阳天津桥南当众焚毁。

这一案件牵连了不少人，李贤妃父房仁裕，是房玄龄族弟，官居左领军卫大将军"以姻亲左贬荣州刺史……流配辩州"①。除李贤一批党羽被诛，宰相左庶子张大安和太子洗马刘讷言等十余人被流徙，太子典膳丞高政交给其父高真行管教，高家叔侄几个竟合伙将高政刺杀于家，割下首级弃之道中。唐太宗子曹王明和太宗孙嗣蒋王炜以李贤之党连坐，李明降封零陵郡王，黔州安置，在黔州被都督谢祐奉武后旨逼胁自杀；李炜除名，道州安置，垂拱中也被武则天杀。一时气氛紧张。当宣布其余太子宫僚免于追究时，左庶子薛元超等皆拜舞谢恩，唯右庶子李义琰引咎涕泣，不掩饰他对李贤失败、武则天再度得逞的难过。

厄运还降到李贤的孩子们身上，他的三个儿子光顺、守礼、守义都被幽闭宫中，十八年不许出庭院。光顺后来被诛，

---

① 见大唐西市博物馆藏墓志《大唐故左千牛将军赠左金吾大将军清河郡开国公房公（先忠）墓志铭并序》。

守义最先病死，剩邠王守礼一个活到开元末，他在长期监禁中身患风湿，能预知晴雨，人以为怪。玄宗五弟岐王范向皇兄报告说："邠哥有术！"守礼向玄宗解释："臣无术也。则天时以章怀迁谪，臣幽闭宫中十余年，每岁被敕杖数顿，见瘢痕甚厚。欲雨臣脊上即沉闷，欲晴即轻健，臣以此知之，非有术也。"说着"涕泗沾襟，玄宗亦悯然"。[1]

文明元年（684）二月，在废中宗以后三天，武则天派人去巴州把两年多前迁到那里的李贤杀了。这时唐高宗去世才两个月，显然他在世时是不便下手的。

武则天作为母亲为何毫不犹豫杀儿子？作为祖母为何对十来岁的小孙子那么手狠，况且李弘已死又无子胤，这李贤和李守礼实际已是她长子长孙的身份了。虎毒不食子，武则天却偏偏对他们最不怜惜，这又使我们的思路回到前面提出的李贤是否她亲生骨肉的问题上来。

我们还可以进一步注意到，唐高宗对传说可能是李贤生母的武则天胞姊及其一家人眷顾忒深，使武则天不能忍受。

这位得幸于皇帝的寡妇被封为韩国夫人，不知麟德元年（664）皇帝要上官仪起草废武后的诏书有没有她作为第三者插

---

① ［后晋］刘昫等撰：《旧唐书》卷八十六《章怀太子贤传附守礼传》，中华书局，2011年，第2833—2834页。

章怀太子墓

足的关系。反正她死时"帝为恸"①，伤感异常。

她的女儿贺兰氏很像她妈和二姨武则天，貌美称"国姝"②，在宫中"颇承恩宠"③。母亲去世后被封为魏国夫人，唐高宗还"欲以备嫔职"，想正式册封为内官，"难于后，未决"。④

① [宋] 欧阳修等撰：《新唐书》卷七十六《则天武皇后传》，中华书局，2011 年，第 3476 页。

② [宋] 欧阳修等撰：《新唐书》卷七十六《则天武皇后传》，中华书局，2011 年，第 3476 页。

③ [后晋] 刘昫等撰：《旧唐书》卷一百八十三《武承嗣传》，中华书局，2011 年，第 4728 页。

④ [宋] 欧阳修等撰：《新唐书》卷七十六《则天武皇后传》，中华书局，2011 年，第 3476 页。

武则天妒火难平，在乾封元年（666）封禅以后，趁武惟良、武怀运以岳牧身份参加封禅又跟随回京师之机，在武惟良所献食物中置毒，让魏国夫人吃后暴卒，又归罪武惟良、武怀运，把他俩都杀掉。一箭双雕，既除了在宫中和她争宠的年轻甥女，又泄了对从小欺凌自己孤女寡母的两个异母兄长的私愤。

这件事策划得很诡秘，唐高宗当时被瞒过了。他在无可奈何的伤感之余，命韩国夫人之子、魏国夫人的兄弟贺兰敏之奉武士彟祀。这是一个很奇怪的决定。武士彟虽儿子被杀，侄孙辈如武承嗣、武三思等还大有人在，却以一外姓外孙袭爵位承宗祀是不合宗法制度的，因为"礼无异姓为后之文"[①]。从这一离谱怪诞的决定里，我们不难看出有皇帝对韩国夫人、魏国夫人母女感情上的寄托。他这般出格的眷恋正可见与两位夫人关系绝非一般。更从他对李贤的钟爱和武则天对李贤的薄情对比之下，我们似乎能触到李贤生母究竟是谁的谜底了。

---

① 西晋韩咸、曹轸语，见《资治通鉴》卷八十一太康三年四月条，中华书局，1956年，第2580页。

李贤被废之翌日，武则天所生第三子英王李哲（本名显）被立为皇太子，时为永隆元年（680）八月。三年后他继位为唐中宗，这期间唐高宗的身体越来越坏。

唐高宗自太宗皇帝驾崩时便"哀毁染疾"①，"帝晚益病风不支"②，永隆二年（681）闰七月，唐高宗"服饵"。饵是金石之药，性烈，唐太宗即因服金石中毒暴亡。唐高宗这次治疗前，任命裴炎为侍中，负首相之责，为防不测，又令太子监国。可

①［宋］宋敏求：《唐大诏令集》卷十一《大帝遗诏》，中华书局，2008年，第67页。
②［宋］欧阳修等撰：《新唐书》卷七十六《则天武皇后传》，中华书局，2011年，第3476页。

见这时病已不轻。两年后他曾想封嵩山，永淳二年（683）七月诏十月有事于嵩山，旋因病改来年正月，但到十一月时因病重不得不下诏罢来年封嵩山。当时"帝头眩不能视"，御医奏："风上逆，砭头血可愈。"武后为他们竟想在天子头上刺血大怒，在帘中呵斥，要杀御医。但唐高宗"眩不可堪"，愿让他们试针，果然有效，皇帝说："吾目明矣！"武后转怒为喜，诚恳地拜谢道："天赐我师！"亲自负缯宝赐御医。① 但唐高宗终究已病入膏肓，痊愈无望，一个月后他想登上则天门楼宣布改元弘道，但"气逆不能上马"，当夜召裴炎受遗诏辅政，而后溘然长逝，享年五十六岁。临终他还惦念民众，问侍臣："民庶喜否？"对曰："百姓蒙赦，无不感悦。"他叹息道："苍生虽喜，我命危笃。"② 终于没能如愿生还长安。

《资治通鉴》称自麟德元年（664）杀上官仪后，"天下大权，悉归中宫，黜陟、杀生，决于其口，天子拱手而已"，是夸大不实的。唐高宗虽生性懦弱，但是一直过问朝政，始终没有放弃皇帝的权力。他看重武则天的才能，更出于自己健康

---

① ［宋］欧阳修等撰：《新唐书》卷七十六《则天武皇后传》，中华书局，2011年，第3477页。

② ［后晋］刘昫等撰：《旧唐书》卷五《高宗纪下》，中华书局，2011年，第111—112页。

不佳需要帮手而信用武则天，让她参决大政，终于培养起一代女皇，为中国历史增添了多姿多彩的一章，这并没有什么不好。只因后来造成传承给一个女子的事实，便被历代腐儒指斥为"昏""愚"，而不论其三十四年政绩是非，是绝不能得出公正的历史评价的。

唐高宗遗诏回顾高祖太宗当年创业："拯苍生之（于）已溺，救赤县之将焚，止麟斗而清日月，息龙战而荡风波。"① 开国六十五年来，"黎元无烽柝之警，区寓恣耕凿之欢。育子长孙，击壤鼓腹，遐迩交泰"②。遗嘱："皇太子可于枢前即皇帝位。园陵制度，务从节俭。军国大事有不决者，兼取天后进

述圣纪碑（是记述唐高宗李治功德的碑，上面刻有武则天撰写的碑文。碑体共有七节，所以又叫作"七节碑"）

①［宋］宋敏求：《唐大诏令集》卷十一《大帝遗诏》，中华书局，2008 年，第 67—68 页，引文有节略。

②［宋］宋敏求：《唐大诏令集》卷十一《大帝遗诏》，中华书局，2008 年，第 67—68 页，引文有节略。

止。"① 最后仍表示了对武则天的高度信任，给了她继续管理国事
的莫大权力。

于是中宗即位，尊武则天为皇太后，以裴炎为中书令……
表面上一切都入了新的轨道。

但在翌年二月，继位不足两个月的唐中宗被废黜，改由他
四弟雍王李旦继为唐睿宗。走马灯似的换了又一朝天子。这位
貌似太宗血气方刚的新皇帝做错了什么事呢？不过是想让自己
的岳父韦玄贞当宰相，并授给乳母的儿子一个五品官！

韦玄贞才从普州参军提为豫州刺史，又要拜侍中，这件事
是不大合适。裴炎跟他争，利用相权制约皇帝的行为。可是这
位年轻人想摆摆皇帝的架子，顶了一句："我以天下与韦玄贞
何不可！而惜侍中邪！"哪里想到，裴炎把这事向武则天一说，
武则天就召集百官到乾元殿，裴炎与中书侍郎刘祎之、羽林将
军程务挺、张虔勖勒兵入宫，宣太后令，废中宗为庐陵王，扶
下殿，幽于别所。临了，他还跟武则天顶了一句："我何罪？"
武则天回答他："汝欲以天下与韦玄贞，何得无罪！"一句空话
而已。

---

① ［宋］宋敏求：《唐大诏令集》卷十一《大帝遗诏》，中华书局，
2008 年，第 67—68 页，引文有节略。

　　看来李哲对于自己专权的母亲还没有足够的了解，他也没有从两个哥哥的遭遇中吸取应有的教训，结果在皇帝宝座上还没坐稳当，就被撵下来。

　　武则天这次能轻言废立，举手成功，是因为得到外廷的合作。

　　鉴于在和李贤的争夺中外廷失控的教训，武则天在李贤被废前后着力改组宰相班子，陆续去掉了张大安、郝处俊、李敬玄，加上来恒病死，到永隆二年（681）三月时，宰相班子中武则天的反对派只剩下李义琰一人。即使他也在永淳二年（683）三月，因改葬父母，倚势迫使其舅家迁坟，高宗认为此人不可用而让致仕了。

　　新的宰相班子是以裴炎为轴心组织的。

　　裴炎（？—684），绛州闻喜人，出身于有名的大族洗马裴氏。早年补弘文生，以明经入仕，调露二年（680）李贤被废前四个月入相，为同中书门下三品，永隆二年（681）闰七月迁侍中（门下省长官），弘道元年（683）十二月受遗诏辅政，由侍中迁中书令（中书省长官），宰相议事之政事堂也随之由门下省迁至中书省①，可见他在中枢举足轻重的地位。

――――――――――

　　① 据《资治通鉴》《新唐书·百官志》。

参与废中宗行动的中书侍郎刘祎之是当初的北门学士之一，武则天的亲信，而裴炎并不是，他只是在固争不可以韦玄贞为侍中和与乳母子五品官的事上和中宗皇帝发生严重冲突，"炎惧，乃与则天定策废立"①。当时勒兵入宫的程务挺、张虔勖也并非武则天亲信，这两个左右羽林军的统帅，原都是裴行俭提拔起来的偏裨副将。裴行俭在永徽末任长安令时便反对立武则天

裴行俭像

为皇后，同长孙无忌、褚遂良在背后活动被告发而远贬西州。这位闻喜中眷裴氏出身的大将所提拔的另外一批武将王方翼（王皇后堂兄）、刘敬同、李多祚、黑齿常之都是当时威震华戎的名将。可这一军人集团是忠于李唐皇室的，李多祚是后来五王政变推翻武周政权的军事首脑。程务挺、张虔勖这时

①〔后晋〕刘昫等撰：《旧唐书》卷八十七《裴炎传》，中华书局，2011 年，第 2843—2844 页。

"同受则天密旨"①，更多是因裴炎的关系介入事变。这次武则天在还没来得及完全控制文臣武将的情况下得以用宫廷政变的方式废除中宗，是利用了裴炎和中宗的一时冲突，是有相当偶然性的成功。

---

①［后晋］刘昫等撰：《旧唐书》卷八十三《程务挺传》，中华书局，2011 年，第 2784 页。

唐高宗去世（683 年 12 月 27 日）和唐中宗被废（684 年 2 月 26 日），是武则天政治历史前后两段过渡的分界碑。从此以后，开始了她真正"圣衷独断"的武则天时代，到 705 年五王政变她下台，考古学上的分期称"则天朝"。

废唐中宗后，她立第四子李旦为皇帝（唐睿宗），但居于别殿，不许参与政事。武则天自此"常御紫宸殿，施惨紫帐临朝"①。一切大政由她以太后身份裁决。形式上她还为皇帝立了皇后刘氏和皇太子李成器（睿宗长子），并改元文明，以示郑重其

①［宋］欧阳修等撰：《新唐书》卷七十六《则天武皇后传》，中华书局，2011 年，第 3477 页。

事。亲信大臣刘仁轨上疏，"陈吕后祸败之事，以申规谏"。武则天谦恭地"玺书慰喻"，解释自己临朝称制的原因是"皇帝谅阇不言，眇身且代亲政"。① 还表示会谨守太后立场，实际上开始了改朝换代的准备。这司马昭之心路人皆知。"唐宗室人人自危，众人愤惋。"一时朝廷内外气氛紧张。

武则天为防患未然，派左金吾将军丘神勣去巴州逼死废太子李贤，开了杀戒。但只整儿子，稳不住局势。扬州仍率先发难，公开起兵，打出反武旗号。

起兵的头子徐敬业是宿将李勣即徐世勣徐茂公的孙子，祖父赐姓李，所以他当时叫李敬业。和他一起策划起兵的骨干分子是一伙因事被贬官而心怀不满的中小官僚，如徐敬业本人由眉州刺史贬为柳州司马，其弟周至令李敬猷免官，给事中唐之奇贬括苍令，长安主簿骆宾王贬临海丞，詹事司直杜求仁贬黟令，还有从御史、周至尉一贬再贬的魏思温，"各自以失职怨望，乃谋作乱，以匡复庐陵王为辞"②。

他们设计以谋反罪名抓了扬州长史陈敬之，而后徐敬业乘官驿车来，冒充新任扬州司马，奉密旨发兵讨高州酋长冯子猷，

---

① ［后晋］刘昫等撰：《旧唐书》卷八十四《刘仁轨传》，中华书局，2011年，第2796页。

② ［宋］司马光：《资治通鉴》卷二百三光宅元年九月条，中华书局，1956年，第6422页。

扬州运河

打开府库取出财物，驱囚徒、丁役和铸钱作坊的工匠数百人为兵，占据了扬州。

扬州处在运河与长江交汇处，距出海口——当时在海陵，今泰州——远比今时为近，是国内外交通的重要枢纽，9 世纪的阿拉伯地理学家伊本·胡尔达兹比赫称誉扬州为古代东方四大商港之一。国内商业城市"扬一益二"，比成都更加发达，号称富甲天下。长安、洛阳两京的粮食仰给于江浙，靠扬州转运，数量多达一年数百万石。扬州控制着隋、唐时期经济命脉的运河，地位十分重要。自隋代平陈毁建康城后，扬州又成为控制东南的军事重镇。徐敬业起兵一下子就占领了扬州，对武则天临朝未久的政权不啻是当头一棒。

事情还不仅如此。北边又有楚州（今江苏淮安）司马李崇福率所部山阳、盐城、安宜三县响应，楚州属县唯一不从反叛的刘行举所在的盱眙，不久也被徐敬业将尉迟昭攻陷了都梁山，这样就打通了江淮间邗沟段运河。他们十来天中就聚集起一支十来万人的军队，本可以渡淮北上，直取洛阳，一决胜负，这也是他们军师魏思温主张的上策。但多数人本意在割据东南，以为"金陵王气犹在，大江设险，可以自固"。决定先南取常、润等州"以为霸基"①，掉头南向渡江攻润州（今江苏镇江）去了。

这批造反的野心家选择了错误的战略方向，走向了失败。但他们的舆论造得很厉害，骆宾王起草了一篇有名的后来称作《代李敬业传檄天下文》的文字。文章精彩，值得一读：

> 伪临朝武氏者，人非温顺，地实寒微。昔充太宗下陈，尝以更衣入侍，洎乎晚节，秽乱春宫，密隐先帝之私，阴图后庭之嬖。入门见嫉，蛾眉不肯让人；掩袖工谗，狐媚偏能惑主。践元后于翚翟，陷吾君于聚麀。加以虺蜴为心，豺狼成性，近狎邪僻，残害忠良，杀姊屠兄，弑君鸩母。

---

① ［后晋］刘昫等撰：《旧唐书》卷六十七《李勣传附李敬业传》，中华书局，2011年，第2491—2492页。

人神之所同嫉，天地之所不容。犹复包藏祸心，窥窃神器。君之爱子，幽之于别宫；贼之宗盟，委之以重任。呜呼！霍子孟之不作，朱虚侯之已亡。燕啄皇孙，知汉祚之将尽；龙漦帝后，识夏廷之遽衰。

敬业，皇唐旧臣，公侯冢胤，奉先君之成业，荷本朝之旧恩。宋微子之兴悲，良有以也；袁君山之流涕，岂徒然哉！是用气愤风云，志安社稷，因天下之失望，顺宇内之推心，爰举义旗，誓清妖孽。南连百越，北尽三河，铁骑成群，玉轴相接。海陵红粟，仓储之积靡穷；江浦黄旗，匡复之功何远。班声动而北风起，剑气冲而南斗平。喑呜则山岳崩颓，叱咤则风云变色。以此制敌，何敌不摧？以此图功，何功不克？

公等或家传汉爵，或地协周亲，或膺重寄于爪牙，或受顾命于宣室。言犹在耳，忠岂忘心？一抔之土未干，六尺之孤何托？倘能转祸为福，送往事居，共立勤王之师，无废旧君之命，凡诸爵赏，同裂山河。请看今日之域中，竟是谁家之天下！ ①

①［后晋］刘昫等撰：《旧唐书》卷六十七《李勣传附敬业传》，中华书局，2011年，第2490—2491页。

武则天读到这篇极尽谩骂攻击之能事的檄文，竟丝毫没有生气动怒的样子，平静地询问作者是谁。当她知道是骆宾王所写，说：“宰相之过也。人有如此才，而使之流落不偶乎！”竟能以爱才之心压抑了遭辱骂的怒火。

骆宾王像

鲁迅先生在他的《捣鬼心传》一文中提到这篇檄文，对武则天看过之后“不过微微一笑”，“如此而已”的姿态颇为赞赏。武则天这一极有政治家风度的表演，成为历史上的一段佳话。

话虽说得很轻松，但叛火燃起扬州失陷事情非同小可，行动上武则天不敢有一丝怠慢，紧急调动三十万大军，派淮安王李神通（李渊堂弟）之子李孝逸统率，从洛阳沿运河汴水东南而下。这时已攻陷润州的徐敬业急忙回军，将兵力部署在运河沿线的高邮、淮阴、都梁山三处。李孝逸军进至临淮（古泗州，在淮水北岸，1680年淮河泛滥后古城没入洪泽湖）与叛军隔水对峙。

战幕在盱眙都梁山拉开。都梁山今称第一山，得名于米芾诗。北宋时他从汴京南航，一路平川，由汴入淮时初见这淮南雄山，留诗：

京洛风尘千里还，船头出汴翠屏间。

莫论衡霍撞星斗，且是东南第一山。

攻守之战便从这制高点的争夺开始了。

李孝逸因初战不利，按兵不动，或者以他李唐宗室的立场，对这战事并不热心。监军魏元忠警告他，"朝廷以公王室懿亲，故委以阃外之事，天下安危，实资一决"，如果大军留而不进，难逃逗挠之罪，"祸难至矣"。[①]孝逸才又出兵，击斩尉迟昭于都梁山，但叛军别将韦超仍占据山头，凭险自固。山陡难攻，步骑兵都施展不开，仗怎么打发生争议。多数将领主张放弃攻山，绕过盱眙，直取江都，或与下阿徐敬业主力决战。但盱眙地处汴水入淮口，支度使薛克扬认为盱眙之战是全局关键，不仅要解除对洛阳的威胁，而且"举都梁，则淮阴、高邮望风瓦解"。魏元忠也认为不能先打敬业，应先打守淮阴的敬猷，敬猷兵弱，可一战而克，等敬业得到消息，想救援也不及。然后乘胜进攻敬业，势不可挡。于是唐军猛攻盱眙，韦超夜遁，又顺流而下击走敬猷，最后在高邮下阿溪与徐敬业决战。

唐军后军总管苏孝祥率五千兵渡溪作战，战败阵亡，士卒

---

① [后晋]刘昫等撰：《旧唐书》卷九十二《魏元忠传》，中华书局，2011年，第2951页。

溺毙溪中者过半。李孝逸又欲退兵，魏元忠坚持要打，建议改用火攻，终于大败叛军，斩首七千级，溺死者无数，徐敬业、敬猷、骆宾王等溃逃江都，想出海奔高丽，在海陵因风阻不得起航，部将王那相将他们斩首降唐，余党唐之奇、魏思温等也被抓获，传首东都。

高邮镇国寺塔

　　从九月丁丑到十一月乙丑，前后四十九天，扬、润、楚三州俱平，十万叛军烟消云散。这场暴乱虽来势汹汹，毕竟只像几片轻扬的浮云飘荡而去，"扬州构逆，殆有五旬，而海内晏然，纤尘不动"①，没有带来真正的风雨，也没有留下什么痕迹便消逝了。武则天安然度过一生中最大的一场军事危机。

　　武则天能够迅速取胜，首先是有明显的军事优势，除军队是三十万对十万之外，武则天还能派出左鹰扬大将军黑齿常之

　　①［宋］司马光：《资治通鉴》卷二百三垂拱二年三月条陈子昂疏，中华书局，1956年，第6440页。

为江南道大总管，配合扬州道大总管李孝逸军，实际这一路人马未动，前方已经告捷。

军事优势之外，人心向背也是重要因素。农民和其他被统治阶层"思安久矣"，不支持徐敬业等人企图分裂割据的战争，最先被胁迫卷入事变的是人身不自由的囚徒和身份低于编户的杂户工匠。普通地主们也普遍不支持反武起兵，仅一部分门阀官僚地主有反武倾向，但没有来得及行动起来。因此局部的叛乱没能动摇全国基本稳定的政局。当时地方官响应徐敬业者只有寥寥一两个，相反倒很有一批文武官员都以死表示对中央政权对武则天的忠心。如徐敬业的叔父润州刺史李思文即不从叛乱，先秘密遣使报告敬业阴谋反叛的消息，后又拒守润州，力屈城陷。润州司马刘延嗣被俘后也不降。曲阿令尹元贞率兵救润州，战败被擒，"临以白刃，不屈而死"。跟随苏孝祥渡下阿溪攻徐敬业的果毅都尉成三郎被俘将斩时大呼："我死，妻子受荣，尔死，妻子籍没，尔终不及我也！"当地百姓也不支持叛军，而且唐军还有监军魏元忠等非常得力的积极策谋平叛方略的中坚人物，阻止主将李孝逸的观望后退，终于一鼓作气，取得全胜。

在策略上，武则天当时只临朝称制，形式上保存李唐皇帝，政治上比较主动。半年前她又毫不迟疑地派人杀了李贤，也就防止了一场奉真李贤来同她对抗的事变，使徐敬业只能找一貌类故太子贤的人来冒充，欺骗众人："贤不死，亡在此城中，令吾属举兵。"可见武则天杀李贤是有远见的政治行动。这些都可见武则天政治上的机智，当然也是残忍的。

我们还不能忘记。正是大运河为三十万唐军的调动和粮秣供应提供了运输方便，这场在运河线上进行的统一战争顺利平叛成功，有开凿未久的大运河默默贡献的一份力量。

武则天扬州平叛的胜利是一个有积极意义的历史事件。王夫之已看出："李敬业起兵讨武氏，所与共事者，骆宾王、杜求仁、魏思温，皆失职怨望，而非果以中宗之废为动众之忧也……观其取润州，向金陵，以定霸基而应王气，不轨之情，天地鬼神昭鉴而不可欺。"[1]可以设想，这场战火若不能迅速平息，再回复一个世纪以前南北分裂局面，历史又要走一段曲折的路，初唐社会经济持续上升的势头将被中断，三十年后的开元盛世也会化为乌有。

---

①［明］王夫之：《读通鉴论》卷二十一《中宗》，中华书局，1975年，第1662页。

# 十五　裴炎之死：

武则天的驭臣之术

正当扬州平叛战事最紧张的时候，唐高宗的顾命大臣宰相裴炎被送上断头台，历来人们对这两个历史事件之间有无直接联系，争执不一。的确这个刚刚为武则天策划废中宗的权臣，旋即在叛乱的同时被武则天处死，这场突变的政治风云究竟是怎么一回事呢？

从某些材料来看，裴炎和徐敬业似乎是里应外合反武则天的。《新唐书·裴炎传》记载："豫王虽为帝，未尝省天下事。炎谋乘太后出游龙门，以兵执之，还政天子。会久雨。太后不出而止。"这是说裴炎有发动兵变推翻武则天的意图。《朝野佥载》更记载李敬业准备起兵时"令骆宾王画计，取裴炎同起事"。宾王编歌谣："一片火，两片火，绯衣小儿当殿坐。"教裴炎庄园小儿和都下童子诵唱，借以说裴炎与徐敬业合谋，"扬州兵起，炎从内应"。裴炎并有回书给徐敬业，只写"青鹅"二字，武则天解此暗语说："此'青'字者十二月，'鹅'字者我自与也。"①另外，监察御史薛仲璋是裴炎的外甥，起兵前他"求奉使江都"，一到那里就把扬州长史陈敬之抓进监狱，使扬州官衙机构陷于瘫痪，不几天又迎接了矫称是扬州司马的徐敬业，他到任后便起兵了。这过程中薛仲璋起了很大作用。如果说是他舅舅裴炎派去的，好像是可能的。再者，起兵以后裴炎在朝里"不汲汲议诛讨"，也似乎能说明裴炎和徐敬业事件有牵连。

郭沫若院长便持裴炎是野心家"蓄谋篡取天位"的见解，在《武则天》剧中将他作为扬州叛乱事件的主要反面人物来刻画。

实际上裴炎并没有参与起兵事件，武则天杀他并不是因为他和徐敬业合谋，或者是有合谋的嫌疑。

从史籍来看，《旧唐书》的纪、传都不记《新唐书》和《朝野金载》所说的裴炎谋兵变或他和徐敬业合谋的事，《通鉴考异》认为新传和《朝野金载》的记述"皆当时构陷炎者所言耳，

---

① ［唐］张鷟：《朝野金载》卷五，中华书局，1979 年，第 117 页。

非其实也"①。其驳斥是有道理的。

那么薛仲璋是不是裴炎派去的呢？不是的。《资治通鉴》记明薛仲璋是按魏思温的主意，自己"求奉使江都"的。裴炎恐怕也没那么大的胆，派外甥去策动起兵之后自己仍在朝里稳稳待着。如《御史台记》所说是事实，那么薛仲璋是"矫使扬府"，就更不存在是宰相裴炎决定人选派去牵线的问题了。裴炎"不汲汲议诛讨"恰能说明他心里有底，因自己与起兵事件并不相干。裴炎只是想利用这形势要挟武则天下台，自己谋取一个返政睿宗的功臣地位。当然这样做是失算了。

除了比较分析史书记载的异同，还可分析这件事的客观情势来寻求合理的答案。

裴炎下狱至处死的具体情况是这样的。徐敬业起兵后，朝廷知道了裴炎外甥参与之事，可是裴炎神态镇静，并不积极采取行动。武则天临朝议事，他说："天子年长矣，不豫政，故竖子有辞。今若复子明辟，贼不讨而解。"监察御史崔詧上言："炎受顾托，身总大权，闻乱不讨，乃请太后归政，此必有异图。"②于是捕裴炎下狱，命左肃政大夫（御史大夫）骞味道、侍

---

①［宋］司马光：《资治通鉴》卷二百三光宅元年《考异》，中华书局，1956年，第6426页。

②［宋］欧阳修等撰：《新唐书》卷一百一十七《裴炎传》，中华书局，2011年，第4248页。

唐代釉陶仪仗骑俑

御史鱼承晔审鞫此案。裴炎性格刚烈，在狱辞气不屈，有人劝他委曲求全，他不愿折节苟免，说："宰相下狱，安有全理！"准备一死。凤阁舍人李景谌附和崔詧证炎必反。但纳言刘景先和凤阁侍郎胡元范、左卫率蒋俨为裴炎辩护，胡元范说："炎社稷忠臣，有功于国，悉心奉上，天下所知，臣明其不反。"[1]武则天对他们说："炎反有端，顾卿未知耳。"元范、景先等说："若

---

①［后晋］刘昫等撰：《旧唐书》卷八十七《裴炎传》，中华书局，2011年，第2844页。

炎反，臣辈亦反矣。"武则天仍讲："朕知炎反，卿辈不反。"[1] 一时"文武之间证炎不反者甚众"[2]。在外防御突厥的单于道安抚大使、左武卫大将军程务挺也"密表申理之"[3]。武则天一概不纳。十月丙申，即扬州起兵后二十天，裴炎被斩首于洛阳都亭驿。临刑他伤感地同受株连的亲属诀别道："兄弟官皆自致，炎无分毫之力，今坐炎流窜，不亦悲乎！"籍没抄家，竟无儋石之蓄，是个廉洁的官。

裴炎一案，凡是为他申辩过的官员都受到惩处。刘景先、胡元范很快被捕下狱，改任骞味道、李景谌为宰相。宰相刘景先贬普州刺史，未到州又贬吉州长史，后来被酷吏陷害入狱，自缢而死。凤阁侍郎胡元范流琼州而死。郭待举罢相后又贬岳州刺史。左武卫大将军程务挺素与参加扬州起兵的唐之奇、杜求仁友善，被谮"与裴炎、徐敬业皆潜相应接"。武则天派左鹰扬将军裴绍业到军中将他处斩。"务挺善于绥御，威信大行，偏裨已下，无不尽力，突厥甚惮之，相率遁走，不敢近边……突

① ［宋］欧阳修等撰：《新唐书》卷一百一十七《裴炎传》，中华书局，2011 年，第 4248 页。

② ［后晋］刘昫等撰：《旧唐书》卷八十七《裴炎传》，中华书局，2011 年，第 2844 页。

③ ［后晋］刘昫等撰：《旧唐书》卷八十三《程务挺传》，中华书局，2011 年，第 2785 页。

厥闻务挺死，所在宴乐相庆。"①夏州都督王方翼坐与程务挺连职亲善，又是已废皇后王氏的近属，这时也被下狱，流放到崖州而死。还有裴炎侄太仆寺丞裴仙先年仅十七，坐流岭南，上变求召见。武则天问他：你伯父谋反，法当诛，有什么可说的。裴仙先说安敢诉冤，只是为陛下画计，"陛下唐家妇，身荷先帝顾命，今虽临朝，当责任大臣，须东宫年就德成，复子明辞，奈何遽王诸武、斥宗室？炎为唐忠臣，而戮逮子孙，海内愤怒。臣愚谓陛下宜还太子东宫，罢诸武权。不然豪桀乘时而动，不可不惧！"②武则天大怒，命曳出于朝堂杖一百，长流瀼州。

裴炎入狱后，有个叫姜嗣宗的郎将从洛阳到长安办事，留守京师的左相（左仆射）刘仁轨问以东都事，姜说："嗣宗觉裴炎有异于常久矣。"刘仁轨又追问一句：你觉察出来了？嗣宗说是的。刘仁轨十分厌恶这种落井下石的小人，便对他说自己有事上奏，烦他捎去，嗣宗满口答应。刘仁轨奏表说的是"嗣宗知裴炎反不言"，武则天看后当即命将捎书的姜嗣宗绞死于都亭。刘仁轨机智地除掉了一个佞人。

裴炎此案引起宰相班子的变动，裴和刘景先、郭待举去位，

---

①［后晋］刘昫等撰：《旧唐书》卷八十三《程务挺传》，中华书局，2011年，第2785页。

②［宋］欧阳修等撰：《新唐书》卷一百一十七《裴炎传附仙先传》，中华书局，2011年，第4249页。

先补负责审此案的骞味道和"证炎必反"的李景谌为宰相，李当月又罢为司宾（鸿胪）少卿，补右史沈君谅和首告裴炎的著作郎崔詧为宰相。崔不过半年也罢相，后来被秘密杀掉，在当时武则天完全是拿裴炎这件事权衡一切调整宰相班子的。

由以上这一全过程可知，裴炎下狱是监察御史崔詧告的，但他的话仅仅是推断："若无异图，何故请太后归政？"没有讲出什么道理来，而且他说的异图，也不能说就是指和徐敬业合谋。崔詧之外，还有李景谌"证炎必反"，仍仅是"证"，未见拿出什么真凭实据。这两人为何罗告裴炎，不很清楚，但显然拿他们的话证明裴、徐合谋里应外合是根据不足的。

再者，刘景先和胡元范二人毫不含糊为裴炎辩护，"抗词明其不反"[1]，朝中许多文武官员包括领兵在外的程务挺都为裴炎申辩，可以设想，假若裴炎真和徐敬业合谋，或有合谋嫌疑的话，在当时分明是"造反"，人们是绝不会也不敢出来替裴炎说话的，裴炎的侄子裴伷先也绝不敢那么理直气壮地在武则天面前为"造反"的伯父辩护。

那么武则天为什么在这时匆匆杀了裴炎呢？

裴炎地位举足轻重，公认是社稷元臣，受遗诏辅政，能轻

---

[1]［后晋］刘昫等撰：《旧唐书》卷八十一《刘祥道传附刘齐贤传》，中华书局，2011年，第2754页。

易帮武则天废掉同自己有冲突的唐中宗，这时又和武则天冲突起来，他是当时唯一能同武则天抗衡的政治力量。

就在徐敬业起兵的九月里，武则天按武承嗣的主意，要追王自己的祖先，立武氏七庙。为祖先立七庙是天子之制，裴炎反对这件事，因为这另立宗庙僭越礼制，挑战李唐社稷。裴炎话说得很硬："独不见吕氏之败乎！"武则天解释自己和吕后不一样，是追尊死人，存殁殊迹，没有什么害处。裴炎还坚持："事当防微杜渐，不可长耳！"武则天不悦而罢，暂缓在京城建武氏庙，但仍追尊自己五代祖宗，在文水老家立了祠堂。

扬州起兵之后，武承嗣和武三思屡说武则天找个借口杀掉韩王元嘉和鲁王灵夔。唐高祖的儿子这时还活着的四个，以这两个为年长，另两个是霍王元轨和舒王元名。武则天向大臣们提出此事，显然她是想动手的，刘祎之、韦思谦不敢说话，又是裴炎一个人"独固争"，以为不可，使武则天"愈衔怒"[1]。

裴炎的外甥薛仲璋参与扬州起兵事发，武则天问对策，裴炎反而叫她还政睿宗皇帝，这话被人当作把柄，于是下狱，不过十来天工夫就被处决。

裴炎以他掌握的相权和武则天的皇权对抗，裴炎的存在

---

① [宋]欧阳修等撰：《新唐书》卷一百一十七《裴炎传》，中华书局，2011年，第4248页。

妨碍武则天独断独行。裴炎不仅屡次表现得极不恭顺，不肯按照武则天的意思办事，甚至公然趁扬州起兵之机，要挟武则天下台。于是武则天不能容他了，给裴炎安了个谋反的罪名将他杀了。

《唐统纪》有以下一段记裴炎案件后武则天在盛怒下训诫群臣的对话：

> 既而太后震怒，召群臣谓曰："朕于天下无负，群臣皆知之乎？"群臣曰："唯。"太后曰："朕事先帝二十余年，忧天下至矣！公卿富贵，皆朕与之；天下安乐，朕长养之。及先帝弃群臣，以天下托顾于朕，不爱身而爱百姓。今为戎首，皆出于将相，群臣何负朕之深也！且卿辈有受遗老臣，倔强难制过裴炎者乎？有将门贵种，能纠合亡命过徐敬业者乎？有握兵宿将，攻战必胜过程务挺者乎？此三人者，人望也，不利于朕，朕能戮之。卿等有能过此三者，当即为之，不然，须革心事朕，无为天下笑。"①

司马光以为"恐武后亦不至轻浅如此"，所以在《资治通鉴》中

---

① 转引自司马光：《资治通鉴》卷二百三光宅元年十二月条《考异》，中华书局，1956年，第6432页。

不取。但《新唐书·则天武皇后传》采录了这段文字。其实这一情节很反映了武则天当时的情绪。在中宗初废、扬州起兵之际，武则天极力控制政局，加强独裁专制，仅杀几个发牢骚的飞骑士卒无关宏旨，又不惜借废太子、元臣、名将头颅为自己立威，因而李贤、裴炎、程务挺便成了她这一政略的牺牲品。

裴炎虽曾帮助武则天废掉中宗，但那是出于他和中宗冲突之后为保个人权位的动机。裴炎还是忠于李唐皇室的，和唐高宗、唐睿宗都有很好的关系，武则天却从没有把他当心腹看待。这位刚愎自用的顾命大臣常常顶撞武则天，武则天着手改朝换代的准备，她不能要裴炎这样的"唐忠臣"，这是裴炎真正的死因。正因为如此，唐中宗复位后诸武仍掌权时，大赦天下，唯裴炎和徐敬业一样排除在外。到唐睿宗时才给裴炎昭雪，专门下制称赞他："文明之际，王室多虞，保乂朕躬，实著诚节。"[1]正式为他恢复名誉。

---

①［后晋］刘昫等撰：《旧唐书》卷八十七《裴炎传》，中华书局，2011 年，第 2845 页。

# 十六　圣母神皇：

女皇登基前的谨慎探试

当年武则天以太后身份临朝称制，激起一场扬州起兵。四年后，再度激起李唐宗室起兵的，是武则天给自己加尊号"圣母神皇"事件。

事情是这样的。武则天的侄子武承嗣使人在一块白石上凿文："圣母临人，永昌帝业。"垂拱四年（688）四月派雍州人唐同泰奉表上献，诡称得自洛水，是一天大的祥瑞。这就是"圣母神皇"的尊号和翌年改元"永昌"名称的来源。

武则天兴高采烈，命名该石为"宝图"，擢唐同泰为游击将军。五月下诏，要亲自拜洛水受宝图，举行告天仪式，礼毕在明堂接受群臣朝贺，命诸州都督、刺史及李唐宗室外戚于十二月拜洛前十日毕集神都洛阳。明堂已于当年二月开始建造，设计在顶部九龙所捧圆盖之上更立饰金铁凤。早于晚清西太后一千二百年便有了以凤压龙的思想。

五月二十一日（乙亥），武则天正式加尊号"圣母神皇"，从此称"陛下"。

六月，刻执掌国柄权力象征的神皇三玺。

明堂复原图

七月，又改"宝图"名为"天授圣图"，洛水为"永昌洛水"，出图地点为"圣图泉"，勒石曰"天授圣图之表"，封洛水神为"显圣侯"。借那块白石头大做文章，目的无非是想宣告天意要她做皇帝。那时诸州报来几起雌鸡化雄的消息也作为她应天命的吉兆广为传布①。

当时还改名先前也出过瑞石的汜水为广武。正月时在神都为武氏祖先立崇先庙，让议论制度规模，司礼博士周悰请按天子礼建七室，减唐太庙为五室。春官侍郎贾大隐驳斥："天子七庙，诸侯五庙，盖百王不易之义，万代常行之法，未有越礼违古而擅裁仪注者也。今周悰别引浮议……不依国家常度……皇

---

① ［唐］张鷟：《朝野佥载》卷六，中华书局，1979年，第143页。

《大唐新译三藏圣教序》武则天手稿（局部）

太后亲承顾托，忧勤黎庶，纳孝慈之请，垂矜抚之怀，实所谓光显大猷，恢崇圣载。其崇先庙室，合同诸侯之数，国家宗庙，不合辄有移变。"①此议被阻，反倒促使武则天考虑她名正言顺地做皇帝的事了。也正因此事的教训，二月议定明堂制度，她"不问诸儒"，"独与北门学士议"，而后用僧怀义为督作使赶修，以供宴享大典使用。②

———————

① ［后晋］刘昫等撰：《旧唐书》卷二十五《礼仪志五》，中华书局，2011年，第944页。

② ［宋］司马光：《资治通鉴》卷二百四垂拱四年条，中华书局，1956年，第6447页。

为女皇登基所必需的一切舆论的和实际的准备，似紧锣密鼓在紧张筹划中。

别出心裁的是称"圣母神皇"一事。此前君主死后才上庙号、谥号以纪其昭穆辈分德行，除了太上皇和称"天元皇帝"的周宣帝等个别人外，一般不在生前上尊号。武则天此时开始上尊号，以后还不断花样翻新，也为唐中宗、唐玄宗等后世帝王仿效。

"圣母神皇"的称号本身含义深邃。中国自古有三皇五帝，自秦始皇以下皆称皇帝，武则天这时既开始用皇帝的专称"陛下"，却不直称"皇帝"，也不废睿宗，只称"神皇"，在临朝太后到皇帝之间自己增设了一层台阶作为过渡，这是一种审慎的试探，多多少少留一点退路，所以上尊号时没有搞登基大典那样的仪式，实际上她把这一仪式推迟为明堂落成后的大飨礼，这里又可见这位女政治家的心计。

可是这一试探还是招来了真正的风暴——李唐宗室起兵。

# 十七 宗室起兵：

## 李唐诸王的垂死一搏

　　李唐宗室王公对武则天搞"圣母神皇"前前后后的所有把戏非常敏感。他们看透这位太后"潜谋革命"终将改朝换代而惶惶不安，一时盛传明堂朝会是一场阴谋，武则天要对李唐宗室下手。此事究竟如何如今已难明辨，只是当时许多人持此看法。韩王李元嘉在私下传话："大享之际，神皇必遣人告诸王密，因大行诛戮，皇家子弟无遗种矣。"[1] 东莞郡公李融问成均助教高子贡："可入朝以否？"子贡回答："来必取

---

　　[1]［后晋］刘昫等撰：《旧唐书》卷七十六《越王贞传》，中华书局，2011 年，第 2661 页。

死。"于是李融称病不朝。<sup>①</sup>宗室王公为自救计，密怀匡复之志。

首谋起兵的即唐高祖第十一子韩王李元嘉，其母宇文昭仪是隋大将宇文述之女，出自代北过来的关陇集团重要家族。她很得唐高祖宠幸，李渊的原配夫人窦氏死于开国前的大业九年（613），太穆皇后是追尊的谥号。李渊做皇帝以后皇后位一直空缺，曾欲立宇文昭仪为皇后，事情未成，李元嘉这位"特为高祖所爱"的王子失去了成为储君的一次机遇。到唐睿宗为帝时，按辈分他作为皇太叔有极尊崇的地位。武则天临朝摄政，为顺物情，拜他为太尉，官居人臣极品，但放在阃外当绛州刺史，在朝中并无实权。四年前扬州兵起，武承嗣等曾建议找借口杀韩王及其同母弟鲁王李灵夔，因裴炎阻拦而暂时罢手。朝不保夕的生活使他们度日如年，这时风声又起，只好破釜沉舟率先发难了。

韩王与其子通州刺史黄公李譔谋"举兵唱天下，迎还中宗"<sup>②</sup>。垂拱四年（688）七月李譔致书豫州刺史越王李贞，用暗语说："内人病渐重，恐须早疗；若至今冬，恐成痼疾，宜早下手，仍速相报。"李譔又诈为皇帝玺书给李贞之子博州刺史琅邪

①［后晋］刘昫等撰：《旧唐书》卷六十四《虢王凤传附东莞郡公融传》，中华书局，2011年，第2431页。

②［宋］欧阳修等撰：《新唐书》卷七十六《则天武皇后传》，中华书局，2011年，第3480页。

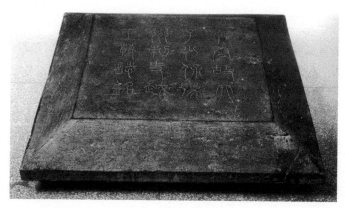

李贞墓志盖石

王李冲，伪称："朕被幽絷，王等宜各救拔我也。"李冲在博州（唐辖境相当于今山东聊城、高唐、茌平等市县地）也伪造皇帝玺书，称："神皇欲倾李家之社稷，移国祚于武氏。"他命博州长史萧德琮等招募士卒，并分报韩、鲁、霍、越、纪等五王，"各令起兵应接，以赴神都"[①]。

参与谋划的宗室王公当时都在外州任刺史，分布在洛阳四周：

在洛阳西北方面有绛州（今山西新绛）刺史韩王李元嘉；在洛阳东北方面有青州（今山东益都）刺史唐高祖第十四子霍王李元轨，邢州（今河北邢台）刺史唐高祖第十九子鲁王李灵

---

① ［后晋］刘昫等撰：《旧唐书》卷七十六《越王贞传》，中华书局，2011 年，第 2661 页。

夔；在洛阳东南方面有豫州（今河南汝南）刺史唐太宗第八子越王李贞，唐高祖第十五子虢王李凤之子申州（今河南信阳）刺史东莞公李融；在洛阳西南方面有通州（今四川达州）刺史黄公李譔，李元轨子金州（今陕西安康）刺史江都王李绪。

参与事变的还有唐高祖女常乐公主及其丈夫寿州（今安徽寿县）刺史赵瓌，越王李贞的女婿汝南县丞裴守德，唐高宗的女婿太平公主丈夫驸马都尉薛绍及其两个哥哥：济州（今山东东阿西北）刺史薛顗和薛绪。

韩王遣使约越王、琅邪王"四面同来，事无不济"，"乃为中宗诏，督诸王发兵"。

越王起兵前派人联络寿州刺史赵瓌，其妻常乐公主对来人说：

> 为我报越王，与其进不与其退，尔诸王若是男儿，不应至许时尚未举动。我常见耆老云，隋文帝将篡夺周室，尉迟迥是周家外甥，犹能起兵相州，连结突厥，天下闻风，莫不响应。况尔诸王，并国家懿亲，宗社是托，岂不学尉迟迥感恩效节，舍生取义耶？夫为臣子，若救国家则为忠，不救则为逆。诸王必须以匡救为急，不可虚生浪死，取笑于后代。[1]

---

[1]［后晋］刘昫等撰：《旧唐书》卷七十六《越王贞传》，中华书局，2011年，第2663页。

越王的这位姑姑表现得情绪激愤，当时她在李唐宗室成员里，也是称姑婆的老一辈女性的代表了。但越王的叔伯兄弟、鲁王之子范阳王李蔼却"知越王必败，自发其谋"[1]，将起兵的策划情况报告给武则天。

事情泄露以后，琅邪王李冲于八月十七（壬寅）匆匆发难，其父越王李贞闻讯于当月二十五日（庚戌）举兵相应，事出仓促，诸王准备不及，不敢动，只剩这东北、东南两方各五、七千人起兵。武则天派出清平道大总管丘神勣和中军大总管麹崇裕等率领的两路兵马，没费什么力气就把宗室起兵压平了。

李冲在博州起兵后准备南渡黄河赴济州，与其叔伯妹夫薛颉连兵东进，薛颉得知李冲起兵也在做兵器募人准备接应。博州属县武水县不从，李冲决定率募得的五千余人先击武水解除后顾之忧。武水令郭务悌向魏州（今河北大名东北）求救，魏州莘县县令马玄素将兵一千七百人救援，进入武水闭门死守。李冲令放火烧南门，不料火点燃后南风转北风，李冲军阻于火而城门安然无恙，天意灭曹，由是士气沮丧。其属下堂邑县丞董玄寂对人说："琅邪王与国家交战，此乃反也。"李冲将他斩首示儆，但人心涣散一发不可收拾。"兵众惧而散入草泽，不可

---

①〔宋〕欧阳修等撰：《新唐书》卷七十九《鲁王灵夔传附范阳王蔼传》，中华书局，2011年，第3558页。

禁止，惟有家僮左右不过数十而已。"① 李冲退回博州，未能进城便被守门者杀，他起兵仅七日便败亡。

武则天派来镇压的清平道行军大总管丘神勣，即四年前派往巴州杀章怀太子者，事后为掩人耳目归罪于他，只是从左金吾将军贬为叠州刺史，这时已官复原职。他带兵到博州时事已平，博州官吏素服出迎请罪，丘神勣下令把他们都处死，凡破千余家。李冲已死，传首东都，枭于阙下。

越王李贞接到其子李冲在博州起兵的消息后即举兵豫州，他不知道这时李冲已败亡三天了。李冲起兵之后诸王莫有应者，唯越王李贞以父子之故勉力而从，北攻破上蔡县。这时传来李冲失败的消息，他恐惧动摇，"索锁欲自拘，驰驿诣阙谢罪"。这时他所任命的属县新蔡令傅延庆募得勇士两千余人，便又想对抗一下，欺骗部下说："琅邪王已破魏、相数州，聚兵至二十万，朝夕即到。"② 以此鼓舞士气。

九月初一，武则天命左豹韬卫大将军魏崇裕为中军大总管，内史岑长倩为后军大总管，率十万军讨豫州。又命宰相张光辅为诸军节度。

① ［后晋］刘昫等撰：《旧唐书》卷七十六《越王贞传附琅邪王冲传》，中华书局，2011 年，第 2663 页。
② ［后晋］刘昫等撰：《旧唐书》卷七十六《越王贞传》，中华书局，2011 年，第 2661 页。

越王征属县兵五千和傅延庆所募勇士两千一共七千人马，分为五营，署九品以上官五百余人，笼络人心，还"令道士及僧转读诸经，以祈事集，家僮、战士咸带符以辟兵"。

千方百计激励士气，可是"所署官皆迫胁见从，本无斗志"。只有汝阳县丞裴守德死心塌地跟着干，越王临起兵时便把女儿嫁给他，起兵后用他为大将军、内营总管，"委以爪牙心腹之任"①。

麹崇裕等率官军进至豫州城东四十里，越王少子李规及裴守德战败，越王大惧，闭门自守，官军进逼州城，"乘城归顺者万计，绳坠四面成蹊"②。越王见大势已去，不甘受戮辱，饮药而死，李规缢杀其母后自杀，裴守德及其新妇良乡县主也双双自缢，部下家僮一时作鸟兽散，纷纷舍仗就擒。麹崇裕斩越王父子及裴守德等首级传送东都，也枭于阙下。豫州起兵也不过二十日便失败了。

事后穷治越王党羽，处死罪两千余人。新任豫州刺史狄仁杰密奏："臣欲显奏，似为逆人申理；知而不言，恐乖陛下存恤之旨……此辈咸非本心，伏望哀其诖误。"③武则天为之下诏

①［后晋］刘昫等撰：《旧唐书》卷七十六《越王贞传》，中华书局，2011年，第2662页。
②［后晋］刘昫等撰：《旧唐书》卷八十九《狄仁杰传》，中华书局，2011年，第2888页。
③［后晋］刘昫等撰：《旧唐书》卷八十九《狄仁杰传》，中华书局，2011年，第2887页。

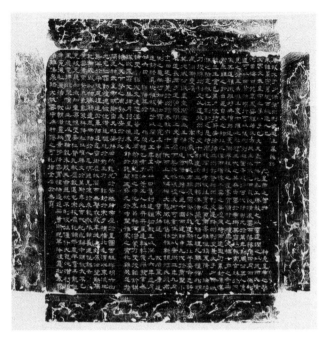

李贞墓志拓片

免死，悉谪戍边。当时官军将士恃功，多所求取，狄仁杰拒而
不应，张光辅大怒，狄仁杰说他："乱河南者一越王，公董士
三十万以平乱，纵使暴横，使无辜之人咸坠涂炭，是一越王死，
百越王生也。且王师之至，民归顺以万计，自缒而下，四面成
蹊。奈何纵邀赏之人杀降以为功，冤痛彻天？如得上方斩马剑
加君颈，虽死不恨！"①

--------

① ［宋］欧阳修等撰：《新唐书》卷一百一十五《狄仁杰传》，中华书局，
2011 年，第 4209 页。

狄仁杰历官，德政昭著，在豫州为维持社会安定，和骄兵悍将进行毫不妥协的斗争，虽然因此被宰相张光辅参了一本，以"不逊"之过失贬复州刺史，本人并不介意。武则天慧眼识人，三年后提拔狄仁杰为宰相。一天，和他重提这段往事："卿在汝南时，甚有善政，欲知谮卿者乎？"仁杰谢曰："陛下以臣为过，臣当改之；陛下明臣无过，臣之幸也。臣不知谮者，并为善友，臣请不知。"武则天"深加叹异"[1]，以仁杰有长者之风。

豫、博事平后，武则天用酷吏周兴审讯宗室诸王，收韩王李元嘉、鲁王李灵夔、黄公李譔、常乐公主于东都，皆被迫胁自杀。

被诛戮的还有虢王李凤的第五子申州刺史东莞公李融，成均助教高子贡告诉他入朝必死后他便决定称疾不朝。及得到越王李贞起兵书信，"仓猝不能应，为官属所逼，执使者以闻"。反而将越王的信使抓了送朝廷。本来越王李贞等"深倚仗融以为外助"[2]，他的背约造成起兵速败。可不久事便败露，十月，他和高子贡也被诛。

---

① ［后晋］刘昫等撰：《旧唐书》卷八十九《狄仁杰传》，中华书局，2011年，第2888页。

② ［后晋］刘昫等撰：《旧唐书》卷六十四《虢王凤传附东莞郡公融传》，中华书局，2011年，第2431页。

十一月，薛顗、薛绪兄弟伏诛，薛绍因是太平公主丈夫，杖一百，饿死狱中，得个全尸。

十二月，霍王李元轨废徙黔州，坐槛车行至陈仓时死于道中。江都王李绪和裴寂孙殿中监邺公裴承先被戮于市。

镇压李唐宗室起兵之后，武则天在十二月二十日按计划举行拜洛受图仪式，"皇帝、皇太子皆从，内外文武百官、蛮夷各依方叙立，珍禽、奇兽、杂宝列于坛前，文物卤簿之盛，唐兴以来未之有也"①。这是武则天和李唐宗室的一次较量大胜后的庆典。扬、豫、博两次反武起兵的失败，用事实证明再没有什么可以和她抗衡的力量。翌年元日享万象神宫（明堂），武则天堂而皇之地"服衮冕，搢大圭，执镇圭为初献"，皇帝和皇太子悄悄跟在后面为亚献、终献，江山谁主的格局已经明朗化，她正式登基只是个日程的问题了。

---

① ［宋］司马光：《资治通鉴》卷二百四垂拱四年十二月条，中华书局，1956年，第6454页。

# 十八　酷吏政治：

临朝时期的政治清洗

武则天要在中华这样一个古老的封建大国巩固和加强自己作为"女主"的地位，反对的力量是很强的，除上述两次公开的起兵外，朝廷内外反武则天言行也很普遍。比如，狄仁杰姨母卢氏不许儿子"事女主"；裴仙先说武则天"早宜复子明辟，高枕深居"；江陵人俞文俊上书说新丰踊山是因为"陛下以女主处阳位，反易刚柔，故地气塞隔，而山变为灾"，要武则天"侧身修德，以答天谴"。刘祎之说她"不如返政，以安天下之心"。更有虢州人杨初成"矫制于都市募人迎庐陵王于房州"，鄱阳公李谭也"谋迎中宗于庐陵"。她除了直接动用军队消灭武装反抗的扬、豫、博官

僚宗室外，还大开诏狱、施用滥刑来镇压一切反对派，即所谓
"委政狱吏"，"以刑法理天下"，"肆斩杀怖天下"[①]。从她临朝称
制到称帝前期，这个法宝一直用了十四年。称帝前后两个阶段
里任用酷吏的情况有些差别，这里先说她称帝前即临朝称制阶
段里酷吏政治的情况。

这个阶段从文明元年（684）二月废中宗立睿宗起，至天
授元年（690）九月武周政权建立前止。这个时期里，统治阶级
内部的矛盾和斗争围绕着武则天要巩固临朝称制的权力并进而
称帝这一中心问题展开。在中宗被废、武则天独揽朝政的同时，
滥刑就大规模地施行起来。

文明元年（684）二月中宗被废后数日，有十余飞骑聚饮，
其中一人发牢骚说："向知别无勋赏，不若奉庐陵。"另一人到
玄武门去报告，武则天便捕杀了这十几个飞骑，授给告密的人
五品官。告密之风由此而兴。

垂拱二年（686）三月武则天采纳鱼保家的建议，在朝堂
设置铜匦，虽也征求"言朝政得失""言天象灾变及军机秘计"，
但主要是为"受天下密奏"，以"周知人间事"，显然有加强政
治控制的目的。

---

① ［宋］欧阳修等撰：《新唐书》卷七十六《则天武皇后传》，中华
书局，2011年，第3481页。

武则天看到宗室大臣对自己心怀不满，"欲大诛杀以威之，乃盛开告密之门"。规定："有告密者，臣下不得问，皆给驿马，供五品食，使诣行在。虽农夫樵人，皆得召见，廪于客馆，所言或称旨，则不次除官，无实者不问。"造成"四方告密者蜂起，人皆重足屏息"，"囹圄如市，朝廷以目"①的恐怖局面。

武则天通过这个告密制度，很快就物色到一批酷吏。唐中宗神龙元年（705）三月诏中列举了酷吏二十七人的名字，即刘光业、王德寿、王处贞、屈贞筠、鲍思恭、刘景阳、丘神勣、来子珣、万国俊、周兴、来俊臣、鱼承晔、王景昭、索元礼、傅游艺、王弘义、张知默、裴籍、焦仁亶、侯思止、郭霸、李仁敬、皇甫文备、陈嘉言、唐奉一、李秦授、曹仁哲。②开元二年（714）诏又补十三名酷吏：周利贞、裴谈、张福贞、张思敬、王承、刘晖、杨允、姜晔、封行珣、张知、卫遂忠、公孙琰、锺思廉。《唐会要》卷四十一《酷吏》所载魏靖上疏中还有崔献可。现可知总共这四十一个酷吏的名字。他们"相与私畜无赖数百人，专以告密为事"。来俊臣和朱南山、万国俊还编写了一部《告密罗织经》，"教其徒网罗无辜，织成反状，构造

---

① ［宋］王溥：《唐会要》卷四十一《酷吏》，中华书局，1955年，第743页。

② ［后晋］刘昫等撰：《旧唐书》卷一百八十六上《来俊臣传》，中华书局，2011年，第4841页。

布置，皆有支节”，“一人被讼，百人满狱，使者推捕，冠盖如市”，“诸方告密，囚累百千辈……及其穷竟，百无一实”。[1]

他们又“竞为讯囚酷法”，发明了“定百脉”“喘不得”“突地吼”“著即承”“失魂魄”“实同反”“反是实”“死猪愁”“求即死”“求破家”等十号大枷。[2] 还有“泥耳笼头，枷研楔毂，折胁签爪，悬发薰耳，卧邻秽溺，曾不聊生，号为‘狱持’。或累日节食，连宵缓问，昼夜摇撼，使不得眠，号曰‘宿囚’”[3]。“讯囚引枷柄向前，名为驴驹拔橛；缚枷头着树，名曰犊子悬车；两手捧枷，累砖于上，号为仙人献果；立高木之上，枷柄向后拗之，名玉女登梯”[4] 和“方梁压髁，碎瓦搘膝……凤凰晒翅，猕猴钻火”等骇人听闻的酷刑，使囚犯“战栗流汗，望风自诬”。

又于洛州牧院和皇城丽景门即新开门内设制狱，来俊臣主大狱事，“每鞫囚，无问轻重，多以醋灌鼻，禁地牢中，或盛之瓮中，以火围绕炙之，并绝其粮饷，至有抽衣絮以啖之

---

① 参见《资治通鉴》卷二百三，《旧唐书》卷一百八十六上《来俊臣传》《索元礼传》，《新唐书》卷二百九《酷吏传序》。

② ［宋］王溥：《唐会要》卷四十一《酷吏》，中华书局，1955年，第740页。

③ ［后晋］刘昫等撰：《旧唐书》卷一百八十六上《索元礼传》，中华书局，2011年，第4843—4844页。

④ ［唐］张鷟：《朝野金载》卷二，中华书局，1979年，第36页。

者。又令寝处粪秽，备诸苦毒，自非身死，终不得出"①。丽景门因此被称作"例竟门"。当时公卿入朝"必与其家诀曰：不知重相见不"②？

就这样，一套完整的执行恐怖政策的制度和机构建立起来了。

这时期里酷吏经办的主要案件有以下二十二例。

其一是文明元年（684）的废太子李贤案。

太子李贤在调露二年（680）八月被废为庶人，幽于京师。开耀元年（681）十一月被徙于巴州（今四川巴中），直到文明元年三月死在那里。李贤是被武则天派去的左金吾将军丘神勣"逼令自杀"的。丘神勣之父是唐太宗著名骑将丘行恭，即昭陵六骏之一"飒露紫"旁的拔箭人，石雕纪念丘行恭武德四年（621）追随秦王李世民在洛阳北邙山同王世充打仗的战功。丘神勣投靠武则天，成为著名的酷吏之一。李贤死于他手，可谓是猖獗逾一纪的酷吏们初试锋芒。

丘神勣是擅杀李贤还是奉武则天命逼杀的，由于《资治通

---

① ［后晋］刘昫等撰：《旧唐书》卷一百八十六上《来俊臣传》，中华书局，2011年，第4838页。

② ［后晋］刘昫等撰：《旧唐书》卷一百八十六上《来俊臣传》，中华书局，2011年，第4836页。

唐昭陵六骏之飒露紫（复制品），图中人物为丘神勣父亲丘行恭

鉴》模棱两可地说是武则天"风使杀之"，因而历代史家有争议，郭沫若院长更提出一个新的看法，以为这既非武则天本意，也与丘神勣无干。"武后在废掉中宗之后立即派遣丘神勣去看太子贤，我揣想她是有意起用太子贤，如果太子贤在巴州已经悔过自新，她是想把他召回京师的。裴炎既蓄谋篡取天位，他不能不预防这一着。万一太子贤被召回，那他自己的私愿又会增加一层障碍，难以实现了。因此，太子贤之死，使我自然也联想到是出于裴炎的阴谋。"关于丘神勣，郭沫若说："初加贬谪者是怀疑丘神勣逼死了太子贤，寻复原职者是发觉了丘神勣的

冤屈。"①

　　所说李贤死于裴炎的阴谋，没有任何史料依据。从我们对裴炎的总的认识做判断，裴炎是不会搞害死李贤的阴谋的。试想，裴炎的外甥去扬州起兵，奉一假李贤为号令，而同扬州起兵合谋推翻武则天的裴炎却在那时派人杀了李贤，这是怎样的一种逻辑矛盾。

　　李贤死于丘神勣之逼是没有疑问的。虽然《旧唐书》《新唐书》中《章怀太子贤传》都没有明说武则天指使杀李贤，但《旧唐书》中两见的《丘神勣传》都明记"则天使于巴州害章怀太子"②。《新唐书·丘神勣传》也记载说"后使害章怀太子于巴州"。武则天二月初六（戊午）废中宗，初七（己未）立睿宗，初八（庚申）废中宗长子皇太孙李重照为庶人，初九（辛酉）便派出丘神勣去杀废太子李贤。前后几天的事联系起来事情就清楚了。在她篡夺政权的紧张时刻，杀掉这个可能被人利用来反对自己的不肖儿子李贤，原是政治斗争的必然逻辑。

　　按事理说，丘神勣逼杀李贤，必然是依照武则天命令干的，不这样是不可能的。倘若丘神勣没有武则天授意，他怎敢擅自

――――――――

　　① 郭沫若:《我怎样写〈武则天〉？》,载《郭沫若全集》第八卷,人民文学出版社,1987 年,第 243 页。

　　② ［后晋］刘昫等撰:《旧唐书》卷五十九《丘和传附丘神勣传》,中华书局,2011 年,第 2327 页。

逼杀她的儿子；李贤既死，他又怎能不得重罪而只是由左金吾将军轻轻外贬为叠州刺史；贬官之后又怎么会迅速官复原位，并"深见亲委"①，成为武则天的亲信，后来还被委以讨伐博州琅邪王李冲的一路大军主帅。

至于暂时贬一下丘神勣，为李贤举哀，追封他一个雍王等掩饰黑手的事，都是做给人看的表面文章，不说明任何问题。

其二是光宅元年（684）的裴炎案。受株连的有宰相刘景先、郭待举、凤阁侍郎胡元范、左武卫大将军程务挺、夏州都督王方翼等人。此案侍御史鱼承晔奉诏参与审鞫，他是二十七名酷吏之一。

其三是同年的徐敬业案。自扬州起兵后，武则天"疑天下人多图己"，于是"大开诏狱，重设严刑，有迹涉嫌疑，辞相逮引，莫不穷捕考按。至有奸人荧惑，乘险相诬，纠告疑似，冀图爵赏"②。"周兴、来俊臣、丘神勣、王弘义等揣识后指，置总监牧院诸狱，捕将相，俾相钩逮，掩搦护送，楚掠凝惨。又污引天下豪桀，驰使者即按，一切以反论。吏争以周内穷诋相高，后辄劝以官赏，于是以急变相告言者无虚日。朝野震恐，莫敢

---

① ［后晋］刘昫等撰：《旧唐书》卷五十九《丘和传附丘神勣传》，中华书局，2011 年，第 2327 页。

② ［宋］司马光：《资治通鉴》卷二百三垂拱二年三月条陈子昂疏，中华书局，1956 年，第 6440 页。

正言。"①恐怖气氛弥漫官场内外，揭开古代专制政治历史上极黑暗的一页。

其四是垂拱三年（687）的刘祎之案。祎之从北门学士而登相位，一直受到武则天信重，但他心存唐室，私下对凤阁舍人贾大隐说："太后既能废昏立明，何用临朝称制？不如返政，以安天下之心。"贾大隐上奏告密，武则天非常生气，说："祎之我所引用，乃有背我之心！"垂拱三年刘祎之因其他事被告下狱，还顶撞向他宣敕的官员："不经凤阁鸾台，何名为敕？"唐代皇帝的诏书制敕要经过宰相副署的程序，所以刘祎之才那样讲。武则天大怒，以为拒捍制使即冒犯天威，赐死于家。临终洗沐，他神色自若，草书谢表，"援笔立成，词理恳至，见者无不伤痛"②。其中有麟台郎郭翰，即不久前奉旨巡察陇右，在宁州（今甘肃宁县）发现当地耆老对刺史一片赞誉之声，遂将狄仁杰推荐给朝廷的监察御史，这时因和太子文学周思钧一起称叹刘文，都被远贬外州。刘祎之的侄女婿、刘懿之的女婿明琰"属唐祚少艰，周命将革，先为太后之忌，遂被贼臣之构，以亲坐

①［宋］欧阳修等撰：《新唐书》卷一百一十三《徐有功传》，中华书局，2011年，第4188页。

②［后晋］刘昫等撰：《旧唐书》卷八十七《刘祎之传》，中华书局，2011年，第2848页。

授润州司功参军"①，应也是受此案连累。

其五是同年九月的杨初成案。这个虢州人诈称郎将，矫制于都市募人迎庐陵王于房州，事情被察觉，伏诛。

其六是同年十一月的李孝逸案。武承嗣指使人诬陷李孝逸称自己"名中有兔，兔，月中物，当有天分"。这是谋大逆罪，武则天念他有平扬州之功，减死除名，流儋州（今海南儋州），死在那里。受株连的还有崔知贤、董元昉、裴安期等。

其七大约也是这年的冯元常案。冯元常是相州安阳人，北齐右仆射冯子琮之曾孙，举明经，唐高宗时历官尚书左丞，甚得信重，皇帝重病中诏令平章百司奏章。冯元常尝密奏："中宫权重，宜稍抑损。"②武则天因此恶之。及临朝，他又奏嵩阳令樊文进瑞石为诏伪，扫武则天的兴，出为陇州刺史，而后历任眉州刺史、广州都督，垂拱三年（687）讨平安南李嗣仙。虽屡有政绩不录功，寻为周兴所陷，追赴洛阳，下狱死。

其八是垂拱四年（688）的郝象贤案。太子通事舍人郝象贤是上元二年（675）谏止唐高宗逊位于武则天的郝处俊孙。有家奴诬告象贤反，酷吏周兴审鞫此案，陷象贤于族罪。家人为其

---

① 《唐故朝散大夫行申州义阳县令上护军平原明府君（琰）临淮刘夫人墓志铭》，墓志藏大唐西市博物馆。

② ［后晋］刘昫等撰：《旧唐书》卷一百八十五上《冯元常传》，中华书局，2011年，第4799页。

159

讼冤，监察御史任玄殖奏象贤无反状，被免官。临刑时象贤极口骂武则天，并揭露宫中丑事，夺市人柴击行刑的刽子手，被巡街的金吾兵格杀。武则天命肢解其尸体，掘他的祖坟，毁棺焚尸。从此以后死囚押往刑场时先以木丸塞口，不让骂出声。

其九是垂拱四年（688）的宗室起兵案。诛死者流贬者有唐高祖和唐太宗的子、孙、女、婿十余人。徐敬业起兵时曾在和州（今安徽和县）率乡里数百人拒叛军使之不能遁江西上的高子贡，这时也因曾对东莞公李融说若去参加明堂朝会必死而被诛。豫州受株连的数千人因狄仁杰奏免死流丰州（今内蒙古临河东），路过宁州时哭拜于狄仁杰德政碑下，设斋三日而行。

其十是同年十二月的骞味道案。因为曾办裴炎案擢升相位的骞味道，与殿中侍御史周矩不和，屡言其不能了事。骞味道这时被罗告，敕周矩按问。矩报私隙，说："公常责矩不了事，今日为公了之。"骞味道和儿子骞辞玉同被诛。一说是陷于周兴狱而死。

其十一是永昌元年（689）四月的鄱阳公李谌案。李谌是唐高祖子道王李元庆的第六子，时为连州别驾，谋迎中宗于庐陵，案发，与唐太宗子蒋王李恽的长子辰州别驾汝南王李炜等宗室十二人被诛杀。天官侍郎邓玄挺是李谌岳父，虽然李谌曾一再问他此事如何，他都没有回答，仍以知反不告罪同诛。

其十二是同年七月的纪王李慎案。李慎是唐太宗第十子，诸王起兵时他是贝州（今河北南宫东南）刺史，越王李贞同他联络，他"知时未可，独拒不与合"①。事败他也下狱，后查明这情况时，将就诛而免死，但和霍王李元轨一样乘槛车送往巴州时死于道中，子孙多人俱被诛。李慎有孝女东光县主，得父王死讯，号恸，呕血数升，服衰三年后又绝膏沐二十年表示哀愤。

其十三是同年八月的徐敬真案。徐敬真是徐敬业弟，扬州兵败后流绣州（今广西桂平南），这时逃归，过洛阳，欲奔突厥。洛州司马弓嗣业、洛阳令弓嗣明出资遣送，至定州（今河北定州）被抓获。弓嗣业自缢死，弓嗣明、徐敬真胡乱招供了一批"海内知识，云有异图，冀以免死"，以至"朝野之士为所连引坐死者甚众"。弓嗣明诬引宰相张光辅当年为诸军节度，"征豫州日，私说图谶天文，阴怀两端，顾望以观成败"②，陷之死罪。但弓、徐二人也未能逃免，一同被诛。还杀了陕州参军弓嗣古、相州刺史弓志元、蒲州刺史弓彭祖、尚方监王令基。彭州长史刘易从也被徐敬真所引，他为官清谨，临刑时市民怜其无辜，纷纷奔赴刑场，竞解衣投地，"为长史求冥福"，官吏收集衣物价值十万。被诬引与徐敬业通谋的还有秋官尚书张楚

---

① ［宋］欧阳修等撰：《新唐书》卷八十《纪王李慎传》，中华书局，2011年，第3577页。

② ［后晋］刘昫等撰：《旧唐书》卷九十《张光辅传》，中华书局，2011年，第2923页。

唐代官报进奏院状（于甘肃敦煌经洞发现）

金、前宰相陕州刺史郭正一、北门学士凤阁侍郎元万顷、洛阳令魏元忠等。临刑，武则天派人驰骑传达赦令，张楚金等死里逃生，闻声喜跃欢呼，唯魏元忠安坐不动，待赦使宣敕之后，才徐徐站起拜谢，不露忧喜之色。他们免死后都流放岭南。

其十四是同年闰九月的魏玄同案。宰相魏玄同与裴炎为莫逆之交，生死不渝，人谓之"耐久朋"，而周兴与之有私怨，奏诬魏玄同曾说："太后老矣，须复皇嗣。"激怒武则天，赐死于家。监刑者劝说："何不告事，冀得召见，当自陈诉。"玄同叹息道："人杀鬼杀，有何殊也，岂能为告人事乎！"[1]不肯玷污人格，做诬引他人解脱自己的勾当，遂就刑。当时还秘密杀了曾陷裴炎于死罪的前宰相崔詧，"自余内外大臣坐死及流贬者甚

---

[1]［后晋］刘昫等撰：《旧唐书》卷八十七《魏玄同传》，中华书局，2011年，第2853页。

众"，得罪的具体原因不详。

其十五是同年十月的黑齿常之案。黑齿常之是百济人，降唐后历任禁军将领，仪凤三年（678）后出为河源军副使、大使，"在军七年，吐蕃深畏惮之，不敢复为边患"①。光宅元年（684）十一月为江南道大总管讨徐敬业。垂拱三年（687）为燕然道大总管与副大总管李多祚击突厥，在朔州（今山西朔州）黄花堆大捷，突厥散走碛北。这时任右武卫大将军，掌禁军，被周兴等诬与右鹰扬将军赵怀节等谋反，下狱自缢而死。黑齿常之是当时仅存的几员名将之一，他善御众，所乘马被兵士伤，他不许鞭打惩罚，认为"岂可以损私马而决官兵乎"！前后所得赏赐金帛等，皆分给将士，自己无所取，所以很得人心。及死，人皆哀其冤枉。

同月又杀唐高祖第十三子郑王李元懿的长子鄂州刺史嗣郑王李璥等六人，唐高祖第二十二子滕王李元婴的长子嗣滕王李脩琦等兄弟六人亦陷诏狱，免死流岭南。他们具体的罪名不详，总是出于诛除宗室的目的吧。

陈子昂当时上书："今陛下之政虽尽善矣，然太平之理，犹屈于狱官。何以言之？太平之朝，务上下乐化，不宜乱臣贼子

---

① ［后晋］刘昫等撰：《旧唐书》卷一百九《黑齿常之传》，中华书局，2011年，第3295页。

日犯天诛。比者大狱增多，逆徒兹广……有无罪之人挂于疏网者。"原因是："狱官务在急刑，以伤陛下之仁，以诬太平之政。"陈子昂请武则天亲自诘问系狱囚徒，"罪真实者，显示明刑；罪有滥者，严诛狱吏。使天下咸服"。还强调指出："夫狱吏不可信，多弄国权，自古败亡，圣王所诚。"① 此时这样的疏奏没有效果。

其十六是载初元年（689）一月的韦方质案。韦方质时为宰相，因病告假，武承嗣、武三思前往探视，韦方质卧床不为礼，左右劝之："踞见权贵，恐招危祸。"韦方质答："吉凶命也。大丈夫岂能折节曲事近戚以求苟免。"② 于是被酷吏周兴、来子珣所陷，流儋州，籍没其家。

当时周兴还以与徐敬业同谋罪杀左史江融。

其十七是同年四月的范履冰案。范履冰以北门学士进用，在禁中二十余年最蒙亲遇。这时官至宰相，坐尝举犯逆者下狱死。

其十八是同年七月的舒王李元名案。唐高祖第十八子舒王李元名与其子豫章王李亶历任外州刺史，俱有善政。李元名曾

---

① 彭庆生校注：《陈子昂集校注》卷九《谏刑书》，黄山书社，2015年，第1361—1363页。

② ［后晋］刘昫等撰：《旧唐书》卷七十五《韦云起传附韦方质传》，中华书局，2011年，第2634页。

诚其子：“藩王所乏者，不虑无钱财官职，但勉行善事，忠孝持身。”后来在石州（今山西离石）二十年，“赏玩林泉，有尘外之意”①。但也未能逃过酷吏罗告之难，父子俩先后被杀。恒州刺史裴贞也以谋反罪灭族。告密者侯思止原是醴泉一无赖，先以卖饼为业，后为游击将军高元礼家仆从，因告密授游击将军。他求为御史，武则天说他：“卿不识字，岂堪御史！”侯思止对曰：“獬豸何尝识字，但能触邪耳。”武则天很高兴，授以侍御史之职。后来又赐他一所没收来的私宅，他不要，说：“臣恶反逆之人，不愿居其宅。”②武则天因而倍加赏识。其实这些话都是高元礼教的。

其十九是同年的邑斋案。衡水无赖王弘义游赵州（今河北赵县）、贝州（今河北清河），见闾里耆老作邑斋，本是民间社邑的平常活动，他告以谋反，杀两百余人，王弘义也授游击将军，跻身酷吏。后来他奉敕按问胜州都督王安仁谋反一事，安仁不服，王弘义竟在枷上刖其首级，又捕杀其子，函首而归。路过汾州（今山西吉县），司马毛公宴请他，不料吃了一半便叱毛公下阶处斩，枪挑首级入洛，见者无不震栗。

①［后晋］刘昫等撰：《旧唐书》卷六十四《舒王元名传》，中华书局，2011年，第2434页。

②［宋］司马光：《资治通鉴》卷二百四天授元年七月条，中华书局，1956年，第6464页。

其二十是也在同年七月的泽王李上金、许王李素节案。他俩是唐高宗第三、第四子，俱为武则天所恶。许王因母亲是萧淑妃，尤被谗嫉，出为外州刺史，不许觐见。载初元年（689）武承嗣指使周兴罗告泽王、许王谋反，召往东都。许王离开舒州时闻哭丧声，叹曰："病死何由可得，更何须哭！"①预感到将遭不测。果然行至龙门便被杀，其子李瑛等九人同时被害。泽王系于御史台，闻讯恐惧，自缢死，其子李义珍等七人并配流显州而死。唯庶子李义珣窜在岭外，匿于佣保之间得免。许王亦有少子李琳等三人以年小免死，长流雷州（今广东雷州），才得不绝后嗣。

其二十一是同年的裴居道案和南安王李颖案。裴居道出自闻喜大族，太子李弘的岳父，时为宰相，为酷吏所陷，春天下狱，八月被杀。接着又杀尚书左丞张行廉和唐高祖第二十一子密王李元晓长子南安王李颖等宗室十二人，又诛其亲党数百家。《资治通鉴》记曰："唐之宗室于是殆尽矣。"

其二十二是载初元年（689）的裴承先案。承先是裴寂之孙，武则天时任殿中监，为酷吏所杀。《唐会要》卷四十《臣下守法》并载开元十年（722）李朝隐上奏中言及："景仙曾祖，

---

① 见《旧唐书》卷八十六《许王素节传》，中华书局，2011年，第2827页。

故司空寂，往属缔构，首参元勋。载初年中，家陷非罪，凡其兄弟，皆被诛夷，唯景仙独存。"裴寂后嗣，因而不旺。

综观上述案例可知，武则天在这临朝称制阶段初行滥刑的锋芒，指向怨望不服的李唐宗室和大臣。这阶段里滥刑的特点是打击面大而且刑法酷重，特别是对宗室王公，真有斩尽杀绝之势。因为宗室王公，尤其是唐高祖、唐太宗、唐高宗三代皇帝的皇子们，是武则天争夺皇权和皇位的最有威胁的对手，实际上他们反武也最用力，所以武则天首先要一批一批地把他们搞掉。经过连续几年的杀戮，到她改唐为周称帝时，这三代皇子除了武则天自己生的李显、李旦外，在世的全都被杀，确实是杀到"于是殆尽"的程度。残留的两个，李显流放在外，李旦作为名义上的皇帝留在洛阳，软禁在"别殿"，他们都不能对武则天构成威胁。这样，在天授元年（690）武则天登基做皇帝时，李唐宗室就全然无力组织反抗了。

当时武则天给予大臣们的打击也是十分沉重的。这些人每以唐家老臣自居，以匡救社稷为己任，故武则天对他们防范甚严，只要稍露形迹，甚至只凭诬告，就对他们下手。在她临朝称制的这阶段里，做宰相的共二十四人，在六年零七个月中被杀掉和贬流罢相的就有十七人（武承嗣、武攸宁二人罢后复用不计在内），寿终的三人，只有四个宰相做到武则天称帝以后，而这四个人中，武承嗣、武攸宁是武则天的本家侄子，另外两

跪拜俑

个邢文伟和岑长倩也都好景不长，只不过再一年工夫就先后被杀了。宰相班子在武则天的屠刀下这样剧烈地变动，其后果之一是当武则天篡唐时，朝臣中竟不能形成一个反武的轴心。

诚如《新唐书·则天武皇后传》所说：武则天"稍图革命，然畏人心不肯附，乃阴忍鸷害，肆斩杀怖天下，内纵酷吏周兴、来俊臣等数十人为爪吻，有不慊若素疑惮者，必危法中之。宗姓侯王及它骨鲠臣将相骈颈就铁，血丹狴户，家不能自保。太后操奁具坐重帷，而国命移矣"。

可武则天毕竟是一个成熟的政治家，不是一个只凭肆虐或暴虎冯河式的匹夫之勇蛮干的疯子，她任使酷吏是有限度的。前二十七名大酷吏除最后一名傅游艺之外，即如周、来、丘、索等也无一授予相职，只是让他们执法而不予执政大权。在司法机构中她又保留了狄仁杰、徐有功、杜景俭、李日知等一批执法平恕的良吏。如徐有功，"前后济活数十百家"[1]。"尝廷争

---

①［后晋］刘昫等撰：《旧唐书》卷八十五《徐有功传》中华书局，2011年，第2818页。

狱事，太后厉色诘之，左右为战栗，有功神色不挠，争之弥切。太后虽好杀，知有功正直，甚敬惮之。"①周兴等酷吏恨之入骨，屡以"有功故出反囚，罪当诛，请按之"，而"后不许"。徐有功与酷吏斗争，"凡三坐大辟，将死，泰然不忧；赦之，亦不喜。后以此重之"②。被酷吏罗告的囚犯间流传这样一句话："遇来、侯必死，遇徐、杜（景俭）必生。"③

又如李日知，当时和胡元礼同在刑部，为杀一囚，两人争执往复数四。胡元礼说："元礼不离刑曹，此囚终无生理！"李日知说："日知不离刑曹，此囚终无死法！"官司一直打到御前。这个有趣的故事说明，在酷吏政治的一片黑暗恐怖中，武则天有意留下几分光明，给人一线生机和希望。

如对待魏元忠、狄仁杰等一批能干优秀的大臣，尽管他们被酷吏们视为眼中钉，一再受到诬陷，但武则天总是亲自干预不许杀害，旋贬旋复，倚为股肱，这对整个政局的稳定起了重要作用。

———————

①［宋］司马光：《资治通鉴》卷二百四天授元年七月条，中华书局，1956年，第6465页。

②［宋］欧阳修等撰：《新唐书》卷一百一十三《徐有功传》，中华书局，2011年，第4191页。

③［宋］司马光：《资治通鉴》卷二百四天授元年七月条，中华书局，2011年，第6465页。

即对李唐宗室后裔，她也偶有宽容。如唐高祖女千金长公主，以姑姑之尊却请求做武则天之女，改姓武氏，讨得武则天欢心，以巧媚得全。又如唐太宗第三子吴王恪之子李仁，出使江左，不受金赂，武则天夸奖："儿，吾家千里驹。"[①] 因此改名千里。后来他又数进符瑞异物，得免诛杀，一直活到中宗复位后，封成王，死于节愍太子诛武三思之事变。成王李千里的弟弟李琨，则天朝历淄、卫、宋、郑、梁、幽六州刺史，有能名，圣历年间奉敕安抚岭南反僚，"甚得其宜"[②]，一直受到信用，长安二年（702）卒于官。可见即使对李唐宗室，虽然下手极狠，主要对手一个不肯放过，但对宗枝稍远，身份较低的成员，还是区别对待的，遵循着政治家处事一切留有余地的准则。

史籍上对武则天酷吏政治残酷程度的铺叙、断语，时有夸大，如《资治通鉴》所说载初中"又鞭杀故太子贤二子"[③]。按李贤三子，次子李守义死于病，幼子李守礼在宫中没少挨鞭子，但他活下来了，一直活到开元末。则天时只长子李光顺一人被

①［宋］欧阳修等撰：《新唐书》卷八十《郁林王恪传附李仁传》，中华书局，2011年，第3567页。

②［宋］欧阳修等撰：《新唐书》卷八十《郁林王恪传附李琨传》，中华书局，2011年，第3567页。

③［宋］司马光：《资治通鉴》卷二百四天授元年八月条，中华书局，1956年，第6467页。

诛杀，死于天授元年（690）武则天称帝以后。可见《资治通鉴》记这时鞭杀二子之说不是事实。

值得注意的是酷吏政治尽管残暴，但在当时一些比较正派的官僚中还取得了某种谅解和支持。如朱敬则即说："自文明草昧，天地屯蒙，二叔流言，四凶构难。不设钩距，无以应天顺人；不峻刑名，不可摧奸息暴。故置神匦，以开告端，曲直之影必呈，包藏之心尽露。神道助直，无罪不除；人心保能，无妖不戮。以兹妙算，穷造化之幽深；用此神谋，入天人之秘术。故能计不下席，听不出闱，苍生晏然，紫宸易主。大哉伟哉！"① 话说得这样肯定，不会全是出自策略考虑的客套话。

无论如何，武则天临朝称制阶段制造了一场政治恐怖，主要靠施用滥刑，打开了一条通向大周皇帝宝座的血腥的路。

① ［宋］王溥：《唐会要》卷五十六《左右补阙拾遗》，中华书局，1955年，第968页。

# 十九 大周女皇：中国政治的乾坤倒转

九月九日（壬午）是天高气爽的重阳佳节，六十七岁的圣母神皇武则天终于正式登基，成为"圣神皇帝"，建立大周朝，改元天授。这一天是 690 年 10 月 16 日，历史上把这改唐为周的事件称为革命。

可以说武则天为这一天的到来，极有耐心地奋斗了三十多年。她从才人起，历昭仪、（宸妃）、皇后、天后、太后、圣母神皇到皇帝，跨越七八个台阶，很不容易地一步一步走上权力的顶峰。

这是中国历史上唯一一位真正的女皇帝正式登基的典礼，也是武周的开国大典，仪式是十分隆重的，完全是按建立一个新王朝的规格进行的。她早已改行用建子月（十一月）为岁首的周历，以洛阳为神都，长安为西京副都，除唐宗室属籍。这时降皇帝为皇嗣，皇太子李成器为皇孙。又改置社稷，改旗帜尚赤。长安的唐太庙和神都的唐高祖、太宗、高宗三庙改为享德庙，在神都正式立武氏七庙为太庙。

武则天追尊周文王姬昌为始祖文皇帝，以迁都洛邑的平王之少子姬武为睿祖康皇帝，这样援引姬周为自己的四十代远祖实在荒诞不经，只因苦于自己先世没有门第封爵，只得胡乱攀附，捧出这么一个名武而不是姓武的姬周宗室作为新立武周政权的背景，伪称武氏出于姬姓，该周平王少子生而有文在手曰"武"，遂以为氏。其下尊五世祖武克己为严祖成皇帝，高祖武居常为肃祖章敬皇帝，曾祖武俭为烈祖昭安皇帝，祖父武华为显祖文穆皇帝，父武士彟为太祖孝明高皇帝。

武则天封异母兄武元爽子武承嗣、武元庆子武三思为王，封堂侄武懿宗等十余人为郡王。

称帝前还有声有色地导演了一场劝进闹剧。

九月三日（丙子），侍御史傅游艺率关中百姓九百人叩宫门上表，称武氏符瑞，请改唐为周。武则天当时没有答应，但心中欢喜，擢升傅游艺为给事中，以示褒奖。于是百官及帝室宗亲、远近百姓、四夷酋长、沙门、道士合六万人纷纷仿效，上表劝进。睿宗皇帝迫于形势也上表自请赐姓武氏。皇帝改姓从母亲，意味着将移李氏国祚，建武周王朝。

五日（戊寅），傅游艺又胁群臣固请，奏说有凤集上阳宫和赤雀见朝堂等种种祥瑞显示着天意。

七日（庚辰），武则天羞羞答答表示接受皇帝和群臣的请愿，两天后亲自登上则天门楼，宣布大周王朝正式建立，对天下罪犯实行大赦，还大酺七日，普天同庆，重阳节成为武周的开国纪念节日。

为给新王朝增加一点神圣的色彩，武则天求助于宗教的符谶，用以辩护自己以女主临天下的合法性，佛教的经典为她提供了对抗儒家男尊女卑理论的思想武器。正好不久前僧怀义和东魏国寺僧法明等给她送来四卷《大云经疏》，"言则天是弥勒下生，作阎浮提（人世）主，唐氏合微"[1]，使武则天登基，有了宗教的依据。

先此武则天还别出心裁陆续改了"天""地""日""月"等十数字，如合山水土的"埊"为"地"，一生"乇"为"人"，一忠"惪"为"臣"，千千万万"秊"为"年"等。她改自己的名为"曌"（照），取"空中的日月"之意。"国"字初拟以"口"中安"武"以镇之，有奏："武"退在口中与"囚"字无

---

①［后晋］刘昫等撰：《旧唐书》卷一百八十三《薛怀义传》，中华书局，2011年，第2742页。

武则天登基（绘画）

异，不祥，遽令改口内安"八方"，以"圀"为"国"。① 这些
改过的文字通行各地，包括敦煌卷子也使用，当时可能造成一
些麻烦，今天为我们判断文物的年代提供了方便，可一望而知
那是武则天时代载初元年（689）至神龙元年（705）的遗物。
云南剑川石钟山石窟中 10 世纪以后大理国题记中还见用"圀"
字。这些字还传到新罗和日本去了，至今还有使用。

毁乾元殿改作明堂的工程，以仅仅十个月时间的惊人速度
完成了。这高达二百九十四尺② 的摩天建筑，上面九龙捧圆盖，

---

① 参见张鷟：《朝野佥载》卷一，中华书局，1979 年，第 19 页。《新
唐书纠谬》卷十一《武后所撰字阙漏》指出，不止《武后传》的 12 字，除
异体字外还有 7 字，共 19 字。

② 唐小尺长 24.5784 厘米，294 尺计为 72.26 米。

顺陵残碑中部分武则天自制字

还施饰金铁凤，下设铁渠注水，环绕象辟雍，号"万象神宫"，作为宴飨布政联络僧俗人众的场所。明堂北又建起更加高大的天堂，供奉怀义所作夹纻大像，传说这座大像的小指中犹能容数十人，应是古往今来室内最大的佛像了。

　　总之，这些规模宏大的土木工程，为登基的女皇准备了气魄非凡的排场。

# 二十 狡兔死，走狗烹：

## 酷吏政治的终结

　　整个社会好像都被女皇气魄非凡的排场震慑住了，在她堂堂正正地登上皇帝宝座时，再没有发生以往扬、豫、博那样公然举兵反抗的大事件。但武则天做女皇帝，那时也不是所有人都赞成，朝内外反抗武则天的言行仍很普遍。为防备可能的颠覆活动，武则天称帝后继续任用酷吏，搞恐怖政策，直到万岁通天二年（697）六月把来俊臣送上断头台为止。

　　这相当于武则天称帝后的前期。这个时期里，社会矛盾仍主要是统治阶级内部的矛盾，斗争围绕着武则天要巩固帝位这一中心问题展开，武姓诸王与李氏争夺帝位继承权的斗争也很激烈。由于李唐宗室反对派的势力已被摧毁，这时滥刑主要用

《万国来朝》壁画（局部）（武则天执政时期在天堂接见百余外国使者朝见）

来打击反对派官僚。其间天授中和长寿二年（693）两次遣使分赴诸道杀流人，殃及百姓，"宁岁为之饥馑，氓庶以之流离"，引起社会不安。

这时期里发生的主要政治案件有以下二十四件，大部分是酷吏经办的。

其一是天授元年（690）十月的宗秦客案。武则天堂姊之子凤阁侍郎宗秦客垂拱年间潜劝太后革命，武则天称帝后擢升他为内史，一个月后他即因贪赃罪被贬为遵化尉，他的弟弟宗楚客、宗晋卿流配岭表。内史邢文伟连坐，贬珍州后自杀。年初遭周兴构陷贬儋州的前宰相韦方质被杀。

其二是李行褒兄弟案。道州刺史李行褒及其弟榆次令李长沙为酷吏唐奉一所告，以谋复李氏之罪被诛。徐有功固争不成，反被周兴诬为"故出反囚，罪当不赦"①。武则天不许系问，但仍免徐有功官。此案发时日不详，《资治通鉴》系于天授元年（690）末。

其三是天授二年（691）正月的刘行感兄弟案。尚衣奉御刘行感和他兄弟雅州刺史刘行实、渠州刺史刘行瑜、兄子鹰扬郎将军刘虔通等被酷吏来子珣诬谋反被诛。这是当年在盱眙县抵抗徐敬业而擢官的刘行举的兄弟侄子。又毁其父左监门大将军刘伯英的棺枢。宰相史务滋与来俊臣同审此案。来俊臣奏史与行感有私交，欲为遮掩反状。武则天怒，命来俊臣追究，史务滋恐惧自杀。他是武周革命后才和宗秦客等一起提上相位的。

其四是天授二年（691）一、二月的丘神勣周兴案②。丘是著名酷吏之一，自武则天指派他去巴州杀废太子李贤后"深见亲委"，垂拱四年（688）镇压琅邪王李冲起兵后亲自挥刃尽杀博州官吏，"破千余家"，因功加左金吾卫大将军。此时下诏狱

---

①［后晋］刘昫等撰：《旧唐书》卷八十五《徐有功传》，中华书局，2011年，第2818年。

②《旧唐书》卷一百八十六上《丘神勣传》载丘被诛在天授二年十月，同书《周兴传》周被诛在十一月。此从《资治通鉴》。

伏诛。有人告周兴与丘神勣通谋，武则天命来俊臣鞫审，张鹭记载了这有名的"请君入瓮"故事：

> 唐秋官侍郎周兴与来俊臣对推事。俊臣别奉进止鞫兴，兴不之知也。及同食，谓兴曰："囚多不肯承，若为作法？"兴曰："甚易也。取大瓮，以炭四面炙之，令囚人处之其中，何事不吐！"即索大瓮，以火围之，起谓兴曰："有内状勘老兄，请兄入此瓮。"兴惶恐叩头，咸即款伏。①

按法律，周兴罪当死，武则天赦免其死，改流岭表，在路上被仇家杀。

酷吏索元礼，扬州起兵后在洛州牧院首按制狱，他"性残忍，推一人，广令引数十百人，衣冠震惧，甚于狼虎"②。他和周兴前后杀戮各数千人，武则天"亦杀之以慰人望"。

丘神勣被诛后，武则天立故太子李贤长子李光顺为义丰王，算是对李贤亡魂的一点安慰吧！

其五是同年八月的张虔勖、范云仙案。张虔勖即嗣圣元年（684）奉命与程务挺率禁兵入宫废唐中宗的羽林将军，事后擢

---

① ［唐］张鹭：《朝野佥载·补辑》，中华书局，1979年，第156页。

② ［后晋］刘昫等撰：《旧唐书》卷一百八十六上《索元礼传》，中华书局，2011年，第4843页。

升玉钤卫大将军。范云仙为内侍，亦有大将军衔。这时俱陷于狱。来俊臣审鞫，张虔勖等"不堪其苦"，向徐有功陈诉，来俊臣怒，命卫士乱刀杀之，枭首于市。范云仙自言历事先朝，也称冤诉苦，来俊臣不让他讲话，命截去其舌，"士庶破胆，无敢言者"①。九月，来俊臣又杀岐州刺史云弘嗣，和杀张虔勖一样，先砍头再造假案上奏，"敕旨皆依，海内钳口"。

其六是同年九月的傅游艺案。傅游艺即两年前带头上表劝进者，他载初元年（十一月改元）任合宫主簿（正九品上），一年之内历左补阙（从七品上）、给事中（正五品上），武周革命入相为鸾台侍郎（正四品上）同平章事，天授二年（691）五月又加银青光禄大夫（从三品），服色在一年之间由青、绿而朱、紫，时人号为"四时仕宦"②。他还被赐姓武氏，其兄傅神童亦为冬官尚书，一时并受荣宠。但不过一个多月傅游艺便停知政事，降为司礼少卿。这时他还做梦登湛露殿，把这事告诉了亲信。不想被告发，以谋逆罪于九月下狱自杀。武则天犹命以五品礼葬之。傅游艺在任时曾诬族皇枝，又首谋发六道使杀各地流人，所以在两《唐书》中被列入酷吏或奸臣列传。

①［后晋］刘昫等撰：《旧唐书》卷一百八十六上《来俊臣传》，中华书局，2011年，第4840页。

②［后晋］刘昫等撰：《旧唐书》卷一百八十六上《傅游艺传》，中华书局，2011年，第4842页。

其七是同年十月的岑长倩案。岑长倩是唐太宗宰相岑文本的侄子，武周革命时他屡陈符瑞，又上疏请改皇嗣李旦姓武，他自唐高宗永淳元年（682）四月入相，在位整十年，是则天朝最有资格的元老了，也因忤诸武意下制狱。当时凤阁舍人张嘉福使洛阳人王庆之等数百人上表，请立武承嗣为皇太子。岑长倩以皇嗣在东宫，不可更立。另一位资历较浅的宰相格辅元也表示反对，两人坚持不肯在奏表上署名。岑长倩还奏请切责上书者，出告示令解散，得罪了正跃跃欲试谋夺储君位置的武承嗣一伙。岑长倩和格辅元被武承嗣潜下制狱。当时一代名儒欧阳询之子宰相欧阳通也固争不可改立武承嗣为皇太子。于是来俊臣又胁迫岑长倩子岑灵源诬引欧阳通等数十人同反，来俊臣刑讯拷问，五毒备至，欧阳通终无异词。来俊臣又编造假供上奏，岑长倩、格辅元、欧阳通三位宰相一同被诛。

王庆之以为可以得逞，继续大肆活动。武则天问他："皇嗣我子，奈何废之？"王庆之反问："今谁有天下，而以李氏为嗣乎？"伏地以死泣请不已。后来还屡次求见，固请不止。武则天不耐烦了，命凤阁侍郎李昭德杖责以示教训。李昭德领旨将王庆之拉到光政门外，对朝士宣布："此贼欲废我皇嗣，立武承嗣。"命人将他狠揍一顿，耳目皆出血，然后杖杀。鼓噪要废皇嗣改立武承嗣在宫外闹事的几百个市井轻薄恶少这才一时散去。①

其八是同在天授二年（691）十月的乐思晦、李安静案。乐思晦是唐高宗宰相乐彦玮之子，当年刘泊子上诉其父为褚遂良潜死，称冤请雪，被乐彦玮反对而止。乐思晦这时也任宰相，被酷吏杀。同时的右卫将军李安静是隋唐间名臣李纲之孙，其兄李安仁永徽年间为太子左庶子，李忠被废，"寮属奔散，独安仁泣拜而去"②。当武则天革命改唐为周时，王公百官皆上表劝进，李安静正色拒之，"独无所请"③。这时下制狱，来俊臣逼他供认谋反，李安静回答："以我唐家老臣，须杀即杀！若问谋反，实无可对。"终于也死在来俊臣手里。这一家五世同堂，辈以义烈闻名。

乐思晦与李安静罪原因不明，看来是被酷吏罗织，查三代算老账致累。

其九是天授三年（692）一月的狄仁杰案。此案中被来俊臣罗告的有三名宰相，即狄仁杰、任知古、裴行本，还有司农卿

①《旧唐书》卷八十七《李昭德传》记为"延载初"。从《资治通鉴》卷二百四《考异》。

②［宋］欧阳修等撰：《新唐书》卷九十九《李纲传附李安静传》，中华书局，2011年，第3910页。

③［宋］欧阳修等撰：《新唐书》卷九十九《李纲传附李安静传》，中华书局，2011年，第3910页。

狄仁杰像

裴宣礼、前文昌左丞卢献、御史中丞魏元忠、潞州刺史李嗣真。

当时有规定，下狱者一经讯问便承认谋反的可以减死罪，来俊臣以此诱迫他们认罪，狄仁杰叹息道："大周革命，万物唯新，唐朝旧臣，甘从诛戮。反是实！"违心地服罪。判官王德寿还逼他诬引新入相的杨执柔，武则天的本家外甥。狄仁杰痛不欲生，呼："皇天后土，遣仁杰行此事！"以头触柱，血流满面，吓得王德寿告罪而退。狄仁杰趁狱中放松了看管，拆下被头帛，书写冤状，藏入绵衣里，交给王德寿，说天热了，让家人拆去丝绵。狄仁杰子狄光远拆出帛书，持以上告。武则天看后问来俊臣，来俊臣诡称狄仁杰等下狱，备受优待，苟无事实，安肯承认反状。武则天派通事舍人周琳前往检查，周琳唯唯诺诺，不敢抬眼皮。来俊臣还让王德寿伪造狄仁杰谢死表，交使者呈上。

狄仁杰等性命危在旦夕，这时出了一救星，竟是三个月前被处死的宰相乐思晦不满十岁的男儿。这位勇敢少年上殿求见，对武则天说："臣父已死，臣家已破，但惜陛下法为俊臣等所弄，陛下不信臣言，乞择朝臣之忠清，陛下素所信任者，为反状以付俊臣，无不承反矣。"武则天意有所寤，召见狄仁杰，问他为何承认谋反，狄仁杰回答："向若不承反，已死于鞭笞矣。"武则天又问为何作谢死表。弄清其中有诈，于是得免死。但按当时规定，凡被告，无论有罪无罪，都要受贬责处分，狄仁杰贬为彭泽令，任知古贬江夏令，裴宣礼贬夷陵令，魏元忠贬涪陵令，卢献贬西乡令，裴行本和李嗣真流岭南。

武承嗣和来俊臣、张知默等屡次抗表请申大法，武则天不许，一反过去的腔调，声称："朕好生恶杀，志在恤刑。涣汗已行，不可更返。"① 来俊臣又说出自南来吴裴房著姓的裴行本罪尤重："潜行悖逆，告张知謇与庐陵王反不实，罪当处斩。"秋官郎中徐有功驳奏："俊臣乖明主再生之赐，亏圣人恩信之道。为臣虽当嫉恶，然事君必将顺其美。"② 语气委婉地支持武则天施恩于无辜，裴行本被救，竟免一死。

同案下狱的魏元忠，即当年督促李孝逸迅速平定扬州的监军，无赖出身的侍御史侯思止按问时冲他喝道："急认白司马，不然，即吃孟青。"孟青是杀博州起兵的琅邪王李冲的孟青棒，

---

① ［后晋］刘昫等撰：《旧唐书》卷八十九《狄仁杰传》，中华书局，2011年，第2829页。

② ［后晋］刘昫等撰：《旧唐书》卷八十五《徐有功传》，中华书局，2011年，第2818页。

意思是不招供便用棒打。魏元忠不像不吃眼前亏的狄仁杰，还顶撞这个侯大，侯大怒，倒曳之，元忠慢慢爬起来，还说："我薄命，如乘恶驴坠，脚为镫所挂，被拖曳。"侯思止更怒更曳，扬言要以拒捍制使罪，奏斩之。魏元忠情急生智，唬这个不识字的恶棍："侯思止，汝今为国家御史，须识礼数轻重。如必须魏元忠头，何不以锯截将，无为抑我承反。奈何尔佩服朱紫，亲衔天命，不行正直之事，乃言白司马、孟青，是何言也！非魏元忠，无人抑教。"一番教训，使侯思止摸不着头脑，以为自己信口胡说惹了大祸，"惊起悚怍"，连声说："思止死罪，幸蒙中丞教。"搀扶魏元忠上床坐，恭恭敬敬地请教，魏元忠"就坐自若"，把这个愚昧不堪的酷吏美美捉弄了一顿。此事流传开来，时人以为谈谑之资，武则天听了也大笑不止。[1]后来魏元忠被召还复职，武则天问他："卿累负谤铄，何邪？"魏元忠答："臣犹鹿也，罗织之吏如猎者，苟须臣肉为之羹耳，彼将杀臣以求进，臣顾何辜？"[2]

同案的李嗣真，曾为御史中丞知大夫事，一年前上疏谏酷吏纵横，"恐为社稷之祸"，武则天未予理会，他被出为潞州刺

---

①［后晋］刘昫等撰：《旧唐书》卷一百八十六上《侯思止传》，中华书局，2011年，第4845页。

②［宋］欧阳修等撰：《新唐书》卷一百二十二《魏元忠传》，中华书局，2011年，第4344页。

史，这时被酷吏诬陷，流配岭南。万岁通天年间征还，死于途中，"则天深加悯惜"①。

此案前前后后一些事使武则天较多地了解了酷吏们的种种劣迹，促使她考虑改变法滥刑酷的做法，狄仁杰等这一批官员免死，是继处死周兴、丘神勣、索元礼等酷吏之后迟迟走出的又一步。

其十是同在天授三年（692）一月的泉献诚案。泉献诚是高丽人，其父泉男生为高丽莫离支泉盖苏文的嗣子，莫离支相当于唐兵部尚书兼中书令职位，乾封元年（666）泉男生继承该职，因内讧，被二弟逐出国而投唐。泉献诚被唐授左卫大将军，领羽林军。天授年间，武则天出内库金宝，令宰相及南北衙文武官内择善射者五人赌之，泉献诚第一，他奏曰："陛下令简能射者五人，所得者多非汉官。臣恐自此已后，无汉官工射之名，伏望停寝此射。"②武则天很赏识这意见，接受了。酷吏来俊臣找他索取金银宝货，泉献诚拒之不理，被构以谋反，下狱后被缢杀。后来武则天知其冤枉，追赠官爵，以礼改葬。

其十一为同年夏秋间的严善思案。监察御史严善思"公直

---

① ［后晋］刘昫等撰：《旧唐书》卷一百九十一《李嗣真传》，中华书局，2011年，第5099页。

② ［后晋］刘昫等撰：《旧唐书》卷一百九十九上《东夷·高丽传》，中华书局，2011年，第5328页。

敢言。时告密者不可胜数，太后亦厌其烦，命善思按问，引虚伏罪者八百五十余人，罗织之党为之不振"①。因此被来俊臣诬陷，"谪交趾，五岁得还"②。

严善思打击罗织之党，是由于武则天指使支持才奏效，当时还有宰相李昭德、右补阙朱敬则、侍御史周矩等纷纷上疏面奏，攻讦酷吏的奸诈凶暴，要求省刑宽仁，武则天开始改变一年前对这类疏奏不予理会的态度，"由是制狱稍息"③，酷吏稍稍收敛。武则天本人也似因政治空气有所和缓而心境轻松，已届古稀之年，不仅不衰老，反而齿落更生，当年九月因此改元长寿，取其吉祥。

其十二是长寿元年（692）九月的李游道案。政治气候乍暖还寒，新案迭出。涉及此案的共有李游道、王璿、袁智弘、崔神基、李元素等五名宰相和春官侍郎孔思元、益州长史任令辉等人，被酷吏王弘义罗告，都流岭南，其中王璿是王德俭子，崔神基是崔义玄子，父辈都是武则天争皇后位时出过大力的亲

①［宋］司马光：《资治通鉴》卷二百五长寿元年八月条，中华书局，1956 年，第 6485 页。

②［宋］欧阳修等撰：《新唐书》卷二百四《严善思传》，中华书局，2011 年，第 5807 页。

③［后晋］刘昫等撰：《旧唐书》卷一百八十六上《索元礼传》，中华书局，2011 年，第 4844 页。

信。李元素是亳州谯人，其兄李敬玄"与赵郡李氏合谱"，所以《新唐书·宰相世系表》称之为赵郡李氏南祖房，其实伪冒。此时他们被酷吏罗告的具体情节不详，但整到他们头上也是一种新的动向。

这时酷吏来子珣坐事流死爱州（今越南清化）。

其十三是长寿二年正月二日（692 年 12 月 4 日）的皇嗣妃刘氏、窦氏案。刘氏是李旦原配夫人，文明元年（684）唐睿宗即位，她被册封为皇后，这时降为皇嗣妃，是宁王李宪的生母。窦氏"姿容婉顺"，封德妃，是唐玄宗的生母。这一天她俩入宫朝武则天于嘉豫殿，同时遇害，被杀的原因是武则天宠信的户婢团儿欲私于李旦，被拒有憾，于是作桐人偷埋在二妃院内，诬为她们厌蛊咒诅的证据，将二妃害死。当时秘密埋瘗宫中，尸骨不知所在。景云元年（710）睿宗即位后追谥刘氏为肃明皇后，窦氏为昭成皇后，"招魂葬于东都城南"①。韦团儿还想害皇嗣李旦，有人把实情上告，武则天立即将韦团儿处死。二妃冤死后李旦心里痛苦但口不敢言，"居太后前，容止自如"。情状十分可怜。

德妃母庞氏那时也因夜祷求解除妖异被奴告，审理此案的

---

①［后晋］刘昫等撰：《旧唐书》卷五十一《睿宗肃明昭成皇后刘氏传》，中华书局，2011 年，第 2176 页。

监察御史薛季昶诬奏她与德妃同祝祷，上奏时一把眼泪一把鼻涕，煞有介事地说："庞氏所为，臣子所不忍道。"武则天提拔薛季昶为给事中，庞氏处斩。其子窦希瓘向徐有功讼冤，徐有功上奏，明庞氏无罪，牒停刑。薛季昶告徐有功党援恶逆，罪当弃市。徐有功闻讯泰然，寝食无异平日。武则天召他去责问："卿比断狱，失出何多？"徐有功回答："失出，臣下之小过；好生，圣人之大德。愿陛下弘大德，则天下幸甚。"武则天默默地听他讲完，不再责备。庞氏因此免死，与其三子流于岭表，她丈夫润州刺史窦孝谌贬罗州司马。徐有功除名，但不久又起用为左司郎中，后来官至司刑少卿。他曾对人说："今身为大理，人命所悬，必不能顺旨诡辞以求苟免。"他"前后为狱官，以谏奏枉诛者，三经断死，而执志不渝，酷吏由是少衰"[1]。张鷟评价这位耿直之士，"若值清平之代，则张释之、于定国岂同年而语哉"[2]。

其十四是长寿二年（693）一月的安金藏案。前尚方监裴匪躬和前内常侍范云仙——即一年多前在洛阳牧院被来俊臣截舌者——私谒皇嗣被腰斩。此时又有人告皇嗣有异谋，武则天命

---

① ［后晋］刘昫等撰：《旧唐书》卷八十五《徐有功传》，中华书局，2011 年，第 2819 页。

② ［唐］张鷟：《朝野佥载》卷四，中华书局，1979 年，第 98 页。

来俊臣审讯李旦左右的人，酷刑之下，众人不胜楚毒，咸欲屈打成招，其中一个太常工人安金藏大声对来俊臣说："公既不信金藏言，请剖心以明皇嗣不反。"①说着"引佩刀自剖其胸，五藏并出，流血被地，因气绝而仆"。武则天听说，即命用舆辇抬入宫中，派御医整治内脏，用桑皮线缝合抢救。第二天安金藏苏醒，武则天亲去看望，叹息道："吾有子不能自明，不如尔之忠也。"②并命令来俊臣停推此案，皇嗣得免于难。

其十五是同年二月的六道使杀流人案。武则天登基，诛杀许多宗室大臣，其家人亲族流放在外者数以万计，傅游艺或李秦授曾以谶语有"代武者刘（流）"，说动武则天诛杀此辈，不然一旦同心为逆，社稷必危。武则天派原和来俊臣一起编写《罗织经》的酷吏万国俊往岭南按问，万国俊在广州把流人都召集起来，矫制赐自尽，流人号呼不服，万国俊把他们驱至水边，全数处死，一朝杀三百余人。还诬奏"诸流人咸有怨望，若不推究，为变不遥"。武则天"深然其奏"③，又派出酷吏刘光业、王德寿、鲍思恭、王大贞、屈贞筠等五人分赴剑南、黔中、安

---

① ［唐］刘肃：《大唐新语》卷五，中华书局，1984年，第73页。

② ［宋］欧阳修等撰：《新唐书》卷一百九十一《安金藏传》，中华书局，2011年，第5506页。

③ ［后晋］刘昫等撰：《旧唐书》卷一百八十六上《万国俊传》，中华书局，2011年，第4846页。

南诸道按流人。"其实赐墨敕与牧守，有流放者杀之。"[①]于是开展了一场杀人竞赛，刘光业杀九百人，王德寿杀七百人，其余少者亦杀五百人，不少远年杂犯流人，并非与武则天革命有关的人犯也同被杀害。事后武则天知道冤滥，下制："被六道使所杀之家口未归者，并递还本管。"[②]赦免了幸存的流人及其家属，准许他们回归乡里。被称作"六道杀人使"的这几名酷吏，不久都相继死去，无一寿终，有的最后精神失常，得了现世报应。

其十六是同年四月的苏干案。苏干是隋代名相苏威曾孙，唐太宗驸马苏勖之子，时为冬官尚书，主管工部，来俊臣诬奏苏干垂拱中为魏州刺史时与琅邪王李冲有私书往复，因而下狱死。

其十七是延载元年（694）九月的王弘义案。王弘义即永昌二年（690）捕杀作邑斋的赵、贝二州父老两百余的流氓，这时为左台侍御史，因罪流放琼州（今海南海口琼山），妄称有敕追还，途中遇侍御史胡元礼，按验，王弘义词穷，以"与公气类"

---

①［宋］司马光：《资治通鉴》卷二百五《考异》，中华书局，1956年，第6492页。

②［后晋］刘昫等撰：《旧唐书》卷一百八十六上《万国俊传》，中华书局，2011年，第4846页。

哀告，胡元礼说："元礼今为御史，公乃流囚，复何气类？"① 将
王弘义杖杀。那时酷吏来俊臣已由御史中丞贬为殿中丞，又因
赃再贬同州参军，朝中酷吏一时没了主心骨，刑场大狱清闲了
许多。

其十八是同年九月的李昭德案。其父李乾祐贞观末为御史
大夫，因与中书令褚遂良不和被贬官。李昭德明经出身，有为
政的才干，如意元年（692）七月取代武承嗣为相，武承嗣诋
毁他，武则天说："自我任昭德，每获高卧，是代我劳苦，非汝
所及也。"② 他先后杖杀王庆之、侯思止，摧屈来俊臣党羽，但
"专权用事，颇为朝野所恶"③。在群起而攻之下，武则天也起嫌
恶之心，这时将他贬为钦州南宾尉，没几天，又命免死配流。

先此一个月，宰相崔元综也坐事流振州，他"每受制鞫狱，
必披毛求疵，陷于重辟"，被流放后，"朝野莫不称庆"。④

次年正月，新入相的周允元与酷吏司刑少卿皇甫文备上奏，

---

① ［后晋］刘昫等撰：《旧唐书》卷一百八十六上《王弘义传》，中华
书局，2011 年，第 4847 页。

② ［后晋］刘昫等撰：《旧唐书》卷八十七《李昭德传》，中华书局，
2011 年，第 2854 页。

③ ［后晋］刘昫等撰：《旧唐书》卷八十七《李昭德传》，中华书局，
2011 年，第 2855 页。

④ ［后晋］刘昫等撰：《旧唐书》卷九十《崔元综传》，中华书局，
2011 年，第 2923 页。

告宰相豆卢钦望、韦巨源、杜景俭、苏味道、陆元方附会李昭德，不能有所匡正，都贬为外州刺史。宰相又一次大换班。

其十九是证圣元年（695）二月的僧怀义案。怀义原名冯小宝，洛阳市上卖药人，因与唐高祖千金公主的侍儿有私，公主将他推荐给寡居有年的女皇帝，说："小宝有非常材用，可以近侍。"①度为僧以便出入禁中，遂"有嬖毒之宠"②。又令与太平公主之夫薛绍合族，改姓薛，人称薛师。宗楚客讨好地称他"从天而降"，是"释迦重出，观音再生"。③垂拱初为白马寺主，督作明堂、天堂，用财如粪土。还屡任大总管，统率军队出征突厥，官至右卫大将军，封鄂国公。后来他厌入宫中，私度有膂力少年千人为僧，畜养于白马寺。证圣元年（695）正月，怀义因御医沈南璆成为武则天新的男宠，心中愠怒，放火烧了自己好不容易督造成的天堂和明堂。武则天姑念旧情，还为他遮掩隐讳，不加追究，仍命他重造明堂、天堂。怀义因而益骄倨，终于让武则天痛恶，太平公主奉命密选身强力壮的宫人数十以防之。二月的一天，太平公主乳母张夫人，一说是建昌王武攸宁，指挥壮士将他杀于瑶光殿前，尸体载送白马寺。其侍者僧

---

① ［后晋］刘昫等撰：《旧唐书》卷一百八十三《薛怀义传》，中华书局，2011 年，第 4741 页。

② ［唐］张鷟：《朝野金载》卷五，中华书局，1979 年，第 125 页。

③ ［唐］张鷟：《朝野金载》卷五，中华书局，1979 年，第 125 页。

徒被流放到远州恶地。

当年正月武则天还抓捕惩治了淫秽不堪的河内老尼及其弟子。自言能合长生药的武什方在外获悉事败自杀身死。

僧尼中的妖妄邪恶势力遭到一次打击。

其二十是万岁通天二年（697）初的綦连耀案。这是一起谋反案，罪魁是太原元谋功臣刘世龙之侄刘思礼。术士张憬藏看相，说他当历箕州，位至太师。于是想入非非，以为太师之职，位极人臣，非佐命无以致之，恭维洛州录事参军綦连耀说："公体有龙气。"綦连耀则说刘思礼："公是金刀，合为我辅。"暗定君臣之契。他们阴结朝士，托相术，到处许人以三品富贵，对愿上钩者讲："綦连耀有天分，公因之以得富贵。"[1]万岁通天二年（697），凤阁舍人王勮知天官侍郎事，用刘思礼为箕州刺史，以应相术预言。王勮是与骆宾王一同名列"初唐四杰"的王勃之兄。其弟王助为监察御史，对明堂尉吉顼说，綦连耀名"应两角麒麟也。耀字光翟，言光宅天下也"[2]。不料吉顼写状交给来俊臣，将此事上告，武则天命武懿宗推按，刘思礼在狱，广引朝士，冀以自免，陷海内名士凡三十六家于诛罪，计有宰相李

---

① ［后晋］刘昫等撰：《旧唐书》卷五十七《刘世龙传附刘思礼传》，中华书局，2011年，第2296页。

② ［唐］张鷟：《朝野佥载》卷二，中华书局，1979年，第33页。

元素①，孙元亨，天官侍郎石抱忠，刘奇，凤阁舍人王处，来庭，给事中周潘，太子司议郎路敬淳，司礼员外郎刘慎之，右司员外郎宇文全志，泾州刺史王勔和王勮、王助兄弟等，其亲党连坐被流放者千余人。武懿宗先宽恕刘思礼在外，令广引逆徒。刘思礼自以为得计，从容自若，凡与自己有小忤龃龉者，必诬引陷之枉死，及众人就戮之后，武懿宗收诛刘思礼。

武懿宗是武则天堂侄，封河内王，"推鞫制狱，王公大臣，多被陷成其罪，时人以为周兴、来俊臣之亚焉"②。

这是酷吏政治后期的一桩大案。来俊臣因此得以复用，从被贬为合宫尉的九品小官擢升为正五品上洛阳令，他的得志，又使酷吏政治有半年的猖獗。

其二十一是大约与前同时的樊惎案。司刑府史樊惎被来俊臣党人罗告，以谋反罪诛。其子讼冤于朝堂，朝中竟没人敢为之申理，只得援刀剖腹自杀表示抗议。秋官侍郎刘如璿见而泣叹，被来俊臣奏为党恶逆，下狱处绞刑，武则天下制改流瀼州。

其二十二是乔知之案。左补阙乔知之有美妾碧玉，十分宠爱，为之不娶妻室。武承嗣巧取豪夺，以教诸姬歌舞为名，强借

---

① 李元素长寿元年（692）九月贬岭南后延载元年（694）十月又复相。

② ［后晋］刘昫等撰：《旧唐书》卷一百八十三《武懿宗传》，中华书局，2011年，第4737页。

留家不许还，又迫使乔知之从军讨契丹，留边多时。乔知之思碧玉不止，以晋石崇爱妾绿珠故事作《绿珠怨》寄碧玉，诗曰：

> 石家金谷重新声，明珠十斛买娉婷。
>
> 此日可怜偏自许，此时歌舞得人情。
>
> 君家闺阁不曾关，好将歌舞借人看。
>
> 意气雄豪非分理，骄矜势力横相干。
>
> 辞君去君终不忍，徒劳掩袂伤铅粉。
>
> 百年离恨在高楼，一代容颜为君尽。[①]

碧玉得诗，饮泪不食，三日后投井，殉情自尽。尸体捞出后，得诗于裙带，武承嗣大怒，讽酷吏罗告。乔知之才从军中归来，便被斩于市南，破家籍没。

其二十三是万岁通天二年（697）六月的李昭德案。李昭德为相，屡挫酷吏，与来俊臣积怨尤深。秋官侍郎皇甫文备也曾被他辱于庭。延载元年（694）九月他因擅权罢相后这时又起用为监察御史，来俊臣、皇甫文备二人共诬他谋反，下狱，判死刑。

其二十四是来俊臣案。诬告李昭德得手后，来俊臣利令智

---

① ［唐］张鷟：《朝野佥载》卷二，中华书局，1979年，第31页。

昏，还欲将武氏诸王、太平公主、皇嗣、庐陵王一起罗织，诬他们与南北牙禁军同反。阴谋被卫遂忠揭发，诸武及太平公主恐惧，共发其罪，来俊臣下狱，被判处极刑。

武则天还以他有功想赦免，奏状三日不批，群臣疑虑不安。宰相王及善奏："俊臣凶狡不轨，所信任者皆屠贩小人，所诛戮者多名德君子。臣愚以为，若不剿绝元恶，恐摇动朝廷，祸从此始。"[1]吉顼奏："俊臣聚结不逞，诬构良善，赃贿如山，冤魂塞路，国之贼也，何足惜哉！"武则天这才批准处决。六月的一天，李昭德与来俊臣这一对仇人一同弃市，在刑场二人犹怒目相眦。行刑后，"士庶莫不痛昭德而庆俊臣"，对这名酷吏魁首，"国人无少长皆怨之，竞剐其肉，斯须尽矣"[2]，尸骨被践踏成泥。武则天知天下恶俊臣，下制："宜加赤族之诛，以雪苍生之愤。"洛阳士民闻讯相贺于路："自今眠者背始帖席矣。"[3]

和前一阶段滥刑的实施情况相比，这一阶段有些不同之处。

首先，这时的打击对象集中于文武官员，宰相班子成员的

---

①［后晋］刘昫等撰：《旧唐书》卷九十《王及善传》，中华书局，2011年，第2910页。

②［后晋］刘昫等撰：《旧唐书》卷一百八十六上《来俊臣传》，中华书局，2011年，第4840页。

③［宋］司马光：《资治通鉴》卷二百六神功元年六月条，中华书局，1956年，第4840页。

变动尤为激烈。这八年里，共用三十八人为相，每人的平均任期仅为一年，比上一阶段里平均任期两年零两个月还短得多，这在帝制时代宰相史上也是罕见的。但是，处罚不都像以前那么重了。比如在这时被贬逐过的许多官员，后来又陆续起用了。其中狄仁杰等九人还曾再为宰相，而在前一阶段里被贬后又起用为宰相的只有骞味道一个。

在这八年里，滥刑本身也有些变化。以天授三年（692）一月武则天在狄仁杰等七人一案里放出"以恩止杀"的话和七月严善思打击罗织之党为标志，滥刑开始有所收敛。证圣元年（695）正月和次年九月，刘知幾和陈子昂的表疏，都言及"今六合清晏而赦令不息"，"比来刑狱久清，罪人全少"[①]，纷纷要求节用赦宥。十月，武则天下《减大理丞废秋官狱敕》，也说司刑寺"既罕囚徒，静无推案"，弹起"丹笔刑官，已绝埋梧之听；黄沙狱户，将为鞠草之场"的高调。[②] 这些文字传递了政治形势在逐渐转变的信息。随后虽曾因起用来俊臣，又杀气腾腾地闹

① 彭庆生校注：《陈子昂集校注》卷八《上军国机要事》，黄山书社，2015年，第1267页。刘知幾的上表，《唐会要》卷四十《论赦宥》与《资治通鉴》卷二百五所载文字略有差别。

② ［宋］宋敏求：《唐大诏令集》卷八十二，中华书局，2008年，第473页。

升仙太子碑（左）

武则天除罪金简（右）

了半年，那不过是酷吏政治行将就木前的回光返照了。来俊臣问斩后，其党徒也都流配岭南。这是十四年漫长的恐怖酷吏政治结束的标志。

　　数月后，女皇武则天与后来的开元名相姚崇间有一席著名的谈话：

　　　　圣历初，则天谓侍臣曰："……近日周兴、来俊臣死后，更无闻有反逆者，然则以前就戮者，不有冤滥耶？"
姚崇对曰："自垂拱已后，被告身死破家者，皆是枉酷自诬
而死。告者特以为功，天下号为罗织，甚于汉之党锢。陛
下令近臣就狱问者，近臣亦不自保，何敢辄有动摇？被问
者若翻，又惧遭其毒手，将军张虔勖、李安静等皆是也。
赖上天降灵，圣情发寤，诛锄凶竖，朝廷乂安。今日已后，
臣以微躯及一门百口保见在内外官更无反逆者。乞陛下得告
状，但收掌，不须推问。若后有征验，反逆有实，臣请受知
而不告之罪。"则天大悦曰："以前宰相皆顺成其事，陷朕为
淫刑之主。闻卿所说，甚合朕心。"①

武则天用银千两赏赐为她开脱的姚崇，奖励他为自己搞滥刑铺
设了下台的台阶，为酷吏政治的历史安排了一个戏剧性的尾声。
不过她的内心似乎并没有因此就平静下来。圣历二年（699）
二月，她幸嵩山，过缑氏，谒升仙太子庙后立的升仙太子碑，
是她撰文并书写的，碑铭中有"日月至明，不能免盈亏之
数"②，隐约其词，似乎也有为酷吏政治忏悔之意。圣历三年

①［后晋］刘昫等撰：《旧唐书》卷九十六《姚崇传》，中华书局，
2011 年，第 3021 页。

②周绍良主编：《全唐文新编》卷九十八《升仙太子碑》，吉林文史出
版社，2000 年，第 1140 页。

（700）正月，武则天祭祀嵩山后派使臣投放金简，1982年在登封中岳嵩山峻极峰北侧大石缝中被发现。这通金简长三十六点三厘米，宽八点二厘米，重两百四十七克，镂刻文字："大周国主武曌，好乐真道，长生神仙，谨诣中岳嵩高山门，投金简一通，乞三官九府除武曌罪名。太岁庚子七月甲申朔日甲寅，小使恩胡超稽首再拜谨奏。"[1]

　　长期用酷吏搞滥刑，使武则天自己不能摆脱负罪感，于是有这类投金简向据说能为人赦罪解厄的道家天官、地官、水官三帝神仙祷告，求为她解除罪名。那至今仍完好矗立在偃师缑氏镇的升仙太子碑和新发现的金简，使我们能窥见这位淫刑之主内心永远惶惧不安的一角。

---

　　[1] 周绍良主编：《全唐文新编》卷九十六《武则天金简》，吉林文史出版社，中华书局，2000年，第1125页。

滥刑废止后，武则天的政治历史进入了一个新的阶段。这时武则天的地位巩固了，政治上出现了与以前实行恐怖政策时期大不相同的景象。圣历元年（698）九月复立庐陵王李显为太子，是新阶段的标志性事件。

首先，这是因为武则天最后放弃了酷吏政治，酷吏大多罹罪。丘神勣、周兴、索元礼、来子珣、侯思止、王弘义、来俊臣等在万岁通天二年（697）前相继被杀。万国俊等六道杀流人使也相继死亡或流放而终。郭霸在圣历年间发疯自杀。到神龙元年（705）三月中宗下诏惩治酷吏时，所列举的二十七人中，在世的仅刘景阳、唐奉一、李秦授、曹仁哲四人①，他们在武则天晚年多已发配流放，不见有什么活动。刑部、大理寺和御史台等司法监察机构尽用了"用法平允"的徐有功和反对酷吏的魏元忠、张柬之、桓彦范、袁恕己、宋璟、韦嗣立、纪履忠等人。

其次，放宽了言路，过去不许议论的关于武则天权位的话，这时也让讲了。典型的如苏安恒两次要武则天退位的上疏。大足元年（701）八月，他上疏请武则天"禅位东宫，自怡圣体"。过去在垂拱三年（687）刘祎之讲了这类要武则天"返政"的话，视为叛逆，构成死罪。现在武则天不但不处罚苏安恒，反而召见，赐食，慰谕而遣之。长安二年（702）五月，苏安恒又上疏："陛下贪其宝位而忘母子深恩……将何圣颜以见唐家宗庙？将何诰命以谒大帝坟陵？"告诫说："物极则反，器满则倾。"再次要武则天"高揖机务，自恬圣躬"。②言辞激烈慷慨，武则天也没有加罪于他。

第三，在这个阶段里，武则天还按群臣的要求，多次发布诏敕，雪免过去陷于滥刑的人。李贤的岳父房仁裕"以姻亲左贬荣州刺史……流配辩州……长安年中，则天大圣皇后察公非

---

① ［后晋］刘昫等撰：《旧唐书》卷七《中宗纪》，中华书局，2011年，第138页。

② ［后晋］刘昫等撰：《旧唐书》卷一百八十七上《苏安恒传》，中华书局，2011年，第4840页。

罪，悉令追复本官"①。长安二年（702）八月，武则天下敕："自今有告言扬州及豫、博余党，一无所问，内外官司无得为理。"十一月，武则天命苏颋复查来俊臣等办的旧狱，"由此雪冤者甚众"②，长安四年（704）十月，武则天起用岑长倩侄岑羲为天官员外郎，"由是诸缘坐者始得进用"。神龙元年（705）正月初一，武则天大赦"非扬、豫、博三州及诸反逆魁首"的所有自文明元年（684）自己临朝称制以来的"得罪者"。这是应李峤、崔玄暐、桓彦范等一再奏请雪免被周兴等所劾破家者办的。可以说，武则天在退出政治舞台前，自己把搞滥刑造成的冤狱基本上平反了。

滥刑这一变化废止的情况，从宰相班子的更迭也可反映一二，统计资料表明，武则天称制称帝时期，以圣历元年（698）九月复立庐陵王李显为太子的事件为界标，在这以前施用滥刑的武则天称制和称帝前期两个阶段一共十四年中，宰相被贬杀的占百分之五十八至百分之七十四，在尔后七年，宰相无一被杀，被贬的也只占百分之二十二。③由此看来，武则天

---

① 西安碑林博物馆：《碑林集刊（二十）》，三秦出版社，2015 年，第 93 页。

② ［后晋］刘昫等撰：《旧唐书》卷八十八《苏颋传》，中华书局，2011 年，第 2880 页。

③ 参见拙文《酷吏政治与五王政变》，《西北大学学报》1983 年 3 期，第 3—12 页。

宫乐图

最后放弃了酷吏政治。周兴、来俊臣等酷吏相次伏诛，"朝野庆泰，若再睹阳和"[1]。

在政治气氛改善的背景下，武则天复立庐陵王为太子。

武则天以一个女性称帝，改朝换代，建立武周是成功了，但不可避免地在储君问题上要遇到麻烦。如果传位给儿子，那势必复辟李唐王朝，使武周政权一世而亡；如果要保持武周王朝，只得传位给武姓侄子，可是将来享受宗庙血食的如何能有她这个当姑姑、姑奶奶的份。大家都明白，已经降为皇嗣的睿

---

① ［后晋］刘昫等撰：《旧唐书》卷八十八《韦嗣立传》，中华书局，2011 年，第 2868 页。

宗李旦的地位是不作数的，李武两姓储位之争明里暗里激烈地进行着。武则天在这件事上举棋不定，使以武承嗣、武三思为首的武家子侄们跃跃欲试，甚至曾联合酷吏迫害李氏宗室，在前述酷吏政治情况中已可看出这场斗争持续多年。在武则天临朝称制时期，凡提出要太后返政复子明辟的，都以忤逆罪受到严酷处置。

武则天称帝后，李武二姓的争夺更加激化，已封为魏王的武承嗣对皇嗣李旦的地位提出公开挑战，从皇帝降为皇嗣的李旦处于不能讲话无力自卫的可怜境地。他的儿子和其二哥章怀太子之子李光顺、李守礼、李守义等都被"幽闭宫中，不出门庭者十余年"，不时挨敕杖痛责，形同罪囚。

洛阳人王庆之等数百人上表请立武承嗣为皇太子，武则天问他："皇嗣我子，奈何废之？"王庆之引用《左传》晋大夫狐突之言说："神不歆非类，民不祀非族，今谁有天下，而以李氏为嗣乎！"武则天问宰相，岑长倩以皇嗣在东宫，不宜有此议，宰相格辅元也固称不可。"由是大忤诸武意"，他俩和宰相欧阳通等数十人下制狱，被来俊臣刑讯逼供后处死。李昭德则假借圣命杖责后扑杀王庆之，宣言："此贼欲废我皇嗣，立武承嗣。"[1] 双方争夺已白热化到喋血宫门的程度。这时李昭德是反

①［宋］司马光：《资治通鉴》卷二百四天授二年十月条，中华书局，1956年，第6475页。

武承嗣派核心，他见武则天有立武承嗣之意，劝说道："臣闻文武之道，布在方策，岂有侄为天子而为姑立庙乎！以亲亲言之，则天皇是陛下夫也，皇嗣是陛下子也，陛下正合传之子孙，为万代计。况陛下承天皇顾托而有天下，若立承嗣，臣恐天皇不血食矣。"[1]武则天听取了这意见，放弃了改立武承嗣为皇太子的考虑。李昭德还曾密奏："承嗣陛下之侄，又是亲王，不宜更在机权，以惑众庶。且自古帝王，父子之间，犹相篡夺，况在姑侄，岂得委权与之？脱若乘便，宝位宁可安乎？"长寿元年（692）八月武承嗣罢知政事，李昭德入相。武承嗣又反潜李昭德，武则天说："自我任昭德，每获高卧，是代我劳苦，非汝所及也。"

这时严善思按问告密者，打击罗织之党；朱敬则上疏请"窒罗织之源，扫朋党之迹，使天下苍生坦然大悦"[2]。武则天赐帛三百段，周矩上疏："今满朝侧息不安，皆以为陛下朝与之密，夕与之仇，不可保也。……周用仁而昌，秦用刑而亡，此之谓也。愿陛下缓刑用仁，天下幸甚！"武则天"颇采其言，

---

① ［后晋］刘昫等撰：《旧唐书》卷八十七《李昭德传》，中华书局，2011年，第2855页。

② ［后晋］刘昫等撰：《旧唐书》卷九十《朱敬则传》，中华书局，2011年，第2914页。

制狱稍衰"①。这些意见能被采纳的原因之一，是武则天在储君问题上立李不立武有了初步决断。武承嗣钻营太子位受挫对整个政治局势的安定有积极影响。

但是，在这件事上武则天以后还有反复，李武两党之间的争夺更没有就此罢休，反李势力把斗争的矛头直指皇嗣李旦，在长寿二年（693）初的一场轩然大波中，皇嗣妃刘氏、德妃窦氏被潜杀，窦氏的父母即唐玄宗外公外婆受株连，由于徐有功舍命相救才减死贬流。皇嗣也被告有异谋，来俊臣奉命鞫审，若非安金藏剖心以明皇嗣不反，他的性命也岌岌可危。当时皇嗣的长子封为皇孙的李成器被降为寿春王，取消了第二储君的身份。这些事变的原因表面上有些偶然，实际全是以皇嗣地位的动摇为大前提的。

与皇嗣的可怜处境成为强烈对照的是武则天的尊号越来越唬人，长寿二年（693）九月有五千人上表请她加尊号"金轮圣神皇帝"，延载元年（694）五月更有两万六千余人请她更上尊号"越古金轮圣神皇帝"，翌年正月又加号"慈氏越古金轮圣神皇帝"，都是武承嗣领头搞的把戏，无非为迎合武则天的虚荣心，也借此树立他魏王在世人心目中作为圣神皇帝最忠诚的拥

---

① ［宋］司马光：《资治通鉴》卷二百五长寿元年七月条，中华书局，1956年，第6486页。

戴者的地位，这对他谋求储君的位置自然是极有利的。长寿二年（693）元日武则天在万象神宫行享礼时，她竟让魏王武承嗣为亚献，梁王武三思为终献，皇嗣尴尬地靠边站着，公开摆出一派武氏天下的架势，刺激李武二姓争夺再度激化，随即有六道杀流人使等酷吏的再度猖獗。李昭德被贬和包括那位凡事模棱两可不表态的苏味道在内的豆卢钦望、韦巨源、杜景俭、陆元方等另五位宰相一起以附会李昭德的罪名被贬，是武承嗣派的又一胜利。

万岁通天元年（696）以后，政治形势有些变化。这与契丹入犯河北有关，起用狄仁傑、姚崇、王及善，他们先后拜相，是李昭德之后保皇嗣派的领袖；薛怀义、沈南璆之后，张易之、张昌宗兄弟成为武则天新的男宠，武承嗣、武三思等都候其门庭，争执鞭辔，这股新的政治势力的兴起，首先使诸武在政治舞台上黯然失色；由于来俊臣罗告诸武和太平公主、皇嗣及庐陵王，迫使他们联合起来对付可怖的来俊臣，结果来俊臣和得罪了诸武的李昭德一起弃市，李武关系发生着微妙的变化。

切实解决储君问题成为武则天进一步稳定政局的关键。武承嗣、武三思一直没有停止营求太子之位的活动，他们毫无德望，所凭借的只有武姓一条，说服武则天立武的口实不过"自古天子未有以异姓为嗣者"一句。关于储君位置问题，狄仁傑则对武则天说："姑侄之与母子孰亲？陛下立子，则千秋万岁

唐三彩人偶

后，配食太庙，承继无穷；立侄，则未闻侄为天子而祔姑于庙者也。"① 狄仁杰还劝武则天召还庐陵王。宰相王方庆和王及善也这样相劝。另一宰相吉顼给张易之、张昌宗兄弟出主意，非有大功，无以自全，唯一可行的是介入立储的大政，说："天下思唐德久矣，主上春秋高，武氏诸王殊非所属意。公何不从容请复相王庐陵，以慰生人之望？"② 二张用其计，屡次和武则天说此事，促使武则天做出最后决断，再无意考虑更立武承嗣、武三思。这件事吉顼起了不少的作用，因而开元时被免于列入酷

---

① ［宋］司马光：《资治通鉴》卷二百六圣历元年二月条，中华书局，1956年，第6526页。

② ［唐］刘肃：《大唐新语》卷一，中华书局，1984年，第7页。

吏名单，睿宗即位时还下制褒扬他"首陈返政之议"①的功绩。

圣历元年（698）三月，庐陵王被秘密接回神都，狄仁杰不知，还为此事"慷慨敷奏，言发流涕"，武则天让李显从帐中出来，对狄仁杰说："还卿储君。"狄仁杰"降阶泣贺"②。八月，武承嗣恨不得为太子，怏怏而死。九月，皇嗣李旦聪明地"固请逊位"，武则天复立庐陵王李显为太子。

这是武则天晚年的一项最重要的明智的决策。李显虽然不是当皇帝的材料，但是复立他表示了武则天在李武两姓之间的最后抉择。

十五年前，武则天废了唐中宗，他被幽闭在房州，"备尝艰危，……每闻制使至，辄惶恐欲自杀"。这时又把他接回来立为皇太子，是不能简单地以"母子之情"解释的，更不是什么"事久而天理定，事过而善心生"③。她迷信自己将来"配食""祔庙"的后事，更要面对"天下思唐德久矣"的现实，做出合乎士庶民心的决定，从而平息李武两姓长达八年的争夺，与结束酷吏政治一起消除不安定因素，开创最后一段政治的新局面。

---

① ［后晋］刘昫等撰：《旧唐书》卷一百八十六上《吉顼传》，中华书局，2011年，第4850页。

② ［后晋］刘昫等撰：《旧唐书》卷八十九《狄仁杰传》，中华书局，2011年，第2895页。

③ 参见《纲鉴合编》卷二十一天授二年丘文庄语。

武则天"恐百岁后为唐宗室蹴藉无死所"①，又"虑身后太子与诸武不相容"，乃命太子、相王、太平公主与武攸暨等"誓明堂，告天地，为铁券使藏史馆"②。还放太子、相王诸子复出阁，恢复自由。这些措施立时改善了政治气氛，无论武则天与李显、李旦的关系，还是李显与以武三思为首的诸武的关系，一时都融洽起来。外廷交代给狄仁杰、姚崇等人，使未来的权力转回李氏手里更有保证。

复立庐陵王的决策对缓和当时紧张的民族关系也起了良好的作用。万岁通天元年（696），契丹人李尽忠、孙万荣起兵反，先后攻陷营州、檀州、幽州、冀州、赵州，在河北抄掠，骚扰很大。契丹兵围幽州时檄文中说："还我庐陵相王来。"③圣历元年（698）八月，突厥默啜可汗拒绝淮阳王武延秀（武承嗣子）前去迎娶其女，说："我世受李氏恩，欲以女嫁李氏，安用武氏儿。闻李氏惟两儿在，我将兵辅立之。"④默啜这次军势很盛，陷

---

①［宋］欧阳修等撰：《新唐书》卷七十六《则天武皇后传》，中华书局，2011年，第3484页。

②［宋］欧阳修等撰：《新唐书》卷七十六《则天武皇后传》，中华书局，2011年，第3484页。

③［唐］张鹭：《朝野佥载》卷三，中华书局，1979年，第60页。又见《金銮密记》，《唐人说荟》本。

④［宋］王溥：《唐会要》卷九十四《北突厥》，中华书局，1955年，第1692页。

定州，围赵州，河北形势十分危急，武则天两次调集四十五万大军穷于应付。复立庐陵王就是那下一个月的事，这样做可以稳定内部，防止在太子问题上闹起来，里应外合，加深危机。薛讷受命出将时对武则天说："丑虏凭凌，以庐陵为辞。今虽有制升储，外议犹恐未定，若此命不易，则狂贼自然款伏。"①这话揭示了复立庐陵王和默啜进犯事件之间的联系。无论如何，储位问题已成为契丹、突厥起兵的口实，促使武则天要及早加以解决。而庐陵王的复立也确实对军事形势有影响，史书记道："项初至州募人，略无应者。俄而诏以皇太子为元帅，应募者不可胜数。"②"先是，募人月余不满千人，及闻太子为元帅，应募者云集，未几，数盈五万。"③这样一来，默啜在当月就退兵了。

在李武两姓中，武则天选定李姓为继承人与当时阶级斗争的形势也不无关系。神功和圣历年间，河北、山东地区出现"贼徒滋蔓""中土不安"的情况，阶级关系局部紧张，这和契丹、突厥的侵扰及修明堂、天堂，铸天枢、九州鼎等劳民伤财

---

① ［后晋］刘昫等撰：《旧唐书》卷九十三《薛讷传》，中华书局，2011年，第2983页。

② ［后晋］刘昫等撰：《旧唐书》卷一百八十六上《吉顼传》，中华书局，2011年，第4849页。

③ ［宋］司马光：《资治通鉴》卷二百六圣历元年九月条，中华书局，1956年，第6534页。

的事有关，也和以武懿宗为代表的官吏的腐败残暴有关。万岁通天二年（697）武则天堂侄武懿宗受命抗击契丹军，可是他临阵脱逃，致使赵州失陷被屠。契丹事平后，武懿宗又被派去"安抚河北"，他大杀被契丹裹胁的百姓，河北人仇恨地将他和契丹将何阿小并列，说："唯此两何，杀人最多。"① 人民的情绪反映在王求礼的话里，他说："请先斩懿宗以谢河北！"这使武则天不能立有民愤的武姓子侄。

太子立李而不立武是有积极意义的，这不仅对当时的民族关系和阶级关系有相当大的影响，而且从此阻止了武氏诸王图谋太子地位的活动，适时地压抑了诸武的气焰，使他们在武则天在世时，没能像在唐中宗时那样仗势用事，那样严重地危害政治，危害下层人民。武则天也因此与太子李显及李唐皇室拥戴者恢复了和谐的关系，于是"乾坤交泰，阴阳和而风雨调；远肃迩安，兵戈戢而燧烽静"②。武则天赢得了最后一段比较安定轻松的日子，赢得了她死后的哀荣。无疑，复立庐陵王为太子一事，是放弃酷吏政治之后这位女政治家晚年的又一巨大成功。

----

① ［后晋］刘昫等撰：《旧唐书》卷一百八十六上《武懿宗传》，中华书局，2011年，第4737页。武懿宗封河内王，故与何阿小合称"两何（河）"。

② 周绍良主编：《全唐文新编》卷九十八《升仙太子碑》，吉林文史出版社，2000年，第1141页。

二十二　武周政绩：一代女皇的宏图与伟业

　　讨论武周或则天朝的政绩，乃至整个武则天从政四十余年治国的政绩，应着眼于贞观开元之间的历史性过渡。

　　武则天时期的历史进程的时代内容，是在生产关系上和政权结构上门阀地主的主导地位最终丧失而被普通地主取代，这也便是从贞观到开元之际历史运动的实质内容。自贞观末（649）到开元初（713）的六十四年间，武则天活跃了半个多世纪，是贞观之治和开元之治从治世到盛世间的桥梁。贞观之治主要是政治清明，空前开放，经济则刚刚从隋末战乱中复苏，全国编户至贞观末不过三百余万户，才相当于隋大业中的三分之一，土地垦辟自然有限，虽社会比较安定，但经济远非富庶。然而

唐代白陶牛车

开元年间，全国经济却是一派繁荣气象，如果不是武则天那半个多世纪打下良好基础，那么在她去世后仅八年，她的孙子唐玄宗李隆基上台伊始便不可能有那样一个天下大治，经济、政治在整个中国古代都堪称巅峰状况的盛世出现。武则天去世前后八年里发生了七次宫廷政变，一度严重动荡的政局也未能阻滞开元盛世的到来，更可见她打下的基础是坚实的。

人们常用武则天前后的人口统计数字作为评价她政绩的一个例证。户部统计，永徽三年（652）全国三百八十万户，神龙元年（705）增为六百一十五万[1]，"平均每年增长百分之零点九一，在封建社会里，这是很大的数字"[2]。在那人手即生产力和战斗力的时代，又值隋末大乱后国家编户损失三分之二、人口严重不足的情况下，繁衍人口成为头等的社会问题。唐代经济的繁荣，是以这时期增长的人口为发展的基石的。

整个武则天时期，虽然地方上还出过"山东群盗"，不时有"贼徒滋蔓"，但数十年间没有发生一场成规模的农民战争，这一点甚至为贞观、永徽和开元、天宝所不及，也可以从侧面说明社会治理比较安定。

武则天时期的经济政策，特别是逃户问题值得研究，这或许是我们揭开当时经济振兴之谜的关键所在。

和政治上抓得很紧很严不同，经济政策上武则天有点无为而治。武则天佞佛，但也不排斥道教，她曾下《禁僧道毁谤制》，称："佛道二教，同归于善，无为究竟，皆是一宗。"[3] 又有《僧道并重敕》，称："老君化胡，典诰攸著，岂容僧辈，妄请削

---

① ［宋］王溥：《唐会要》卷八十四《户口数》，中华书局，1955年，第1551页。

② 汪篯：《武则天》，载《汪篯隋唐史论稿》，中国社会科学出版社，1981年，第130页。

③ 周绍良主编：《全唐文新编》卷九十五，吉林文史出版社，2000年，第1113页。

除……佛本因道而生，老
释既自元同，道佛亦合
齐重。"① 既是佛道并重，
黄老思想对政策有影响。
她主张"劝农桑，薄赋
徭"②，曾以她的名义编撰
颁发《兆人本业记》。但
管理上并不过多干预一家
一户的生产经营，她当权
时虽仍实行旧制，还不时
派人勘田检籍③，但并没有

多宝塔善业泥

像武德和开元时期那样发布一个田令去维持挽救均田制度，听
任均田制垮下去。

已经实行了两个世纪的均田制，那样严格地由国家支配控
制土地人口，征发租调徭役的制度，连种植经营的内容也做僵

---

① 周绍良主编：《全唐文新编》卷九十六，吉林文史出版社，2000年，
第1120页。

② ［宋］欧阳修等撰：《新唐书》卷七十六《则天武皇后传》，中华书
局，2011年，第3477页。

③ 参陈国灿：《武周时期的勘田检籍活动》，《敦煌吐鲁番文书初探二
编》，武汉大学出版社，1990年。

化一律的规定，实际上对农业生产的消极影响越来越大，不利于农民生产主动性、积极性的发挥，更不利于商业手工业和商品经济的发展。社会上严重的逃户问题，就是这样引起的生产领域内阶级斗争的一种形式，反映了广大农民摆脱国家奴役剥削的愿望和对新的自主生活的追求。

逃户是从国家户籍上脱漏的人户，其中有一些人不事生业，而多数逃户是脱籍不脱产的，那么多的浮逃人口要维持生计也不可能脱产。他们或者"佃食"于王公百官及富豪之家，或者逃向荒原僻壤去垦辟田土新建家园，有的甚至就留在本乡本土，只是千方百计脱籍以逃免租税和兵役徭役。他们作为国家编户登记在册便要承受租调负担，但并不保证能得到按均田制规定的应受地的份额，由于耕地不足，为维持生计需要向地主借种交租的话，便要承受国家、地主的双重剥削，许多农民便以脱籍逃亡来反抗。

重要的是武则天对逃户的政策。敦煌发现的长安三年（703）三月《阴永牒》，说到以前在甘、凉、瓜、肃等州居停在沙州的逃户：

> 例被招携安置，常遣守庄农作……今奉明敕：逃人括还，无问户等高下，给复二年。又今年逃户，所有田业，官贷种子，付户助营。逃人若归，苗稼见在，课役俱免，

复得田苗。①

从牒文可知，一些人在"本乡无业"，"逃进投诣他州"，变为"有苗"，可证逃户是从事农业生产的。敕文规定，逃户还归，不仅不受罚，还可享受给复二年等种种优待，透露了逃户可以争取不还或迟还本贯的变通办法。②更早一年，长安二年（702）七月曾下敕："诸山隐逸人，非规避等色，不须禁断，仍令所由觉察，勿使广聚徒众。"③这些隐逸人当中就可能包含逃户。自证圣元年（695）李峤建议"（逃人）听于所在隶名，即编为户"④以来，武周政权经过多年酝酿，审慎地实行对逃户的这一政策，出发点自然是为防"祸患"，也是为保护逃户这一重要的生产力资源。

这方面我们还可以注意稍后的材料。唐玄宗时杨玚反对宇文融括田税客，认为"括客不利居人，征籍外田税，使百姓困

---

① 内藤乾吉：《西域发见之唐代官文书研究》引大谷文书2835号。载西域文化研究会编：《敦煌吐鲁番社会经济资料》下册。

② 参唐长孺：《关于武则天统治末年的浮逃户》，《历史研究》1961年第6期。

③ 唐耕耦、陈宏基：《敦煌社会经济文献真迹释录》第二辑，全国图书馆文献缩微复制中心，1990年，第570页。

④ ［宋］王溥：《唐会要》卷八十五《逃户》，中华书局，1955年，第1561页。

弊，所得不补所失"①。意在保留浮逃客户这样一支有效的生产队伍。后来韦处厚也曾激烈反对简实户口，说："自兵兴以来，垂二十载。百姓粗能支济，免至流离者，实赖所存浮户相倚，两税得充，纵遇水旱虫霜，亦得相全相补，若搜索悉尽，立至流亡。"②事情变得非常有趣，默认一支名为浮户实际务农的生产队伍，倒可与在编农户相倚相补，共同维持社会经济生活稳定；而若把浮逃户搜括悉尽，反而会引起全社会的饥饿。宇文融括户，"括得客户凡八十余万，田亦称是"③。有力地证明客户即逃户是与相应的耕田结合在一起的。汪籛先生估计，天宝年间"逃户约在三四百万之间"④。如果我们注意到逃户是一支基本的生产大军，他们从事的是生产力向广度发展和生产关系向深度变革的伟大进军⑤，那么更可见正确的逃户政策的重要。

唐初社会大量荒芜土地的复垦，那些进入"深山更深处"

① ［后晋］刘昫等撰：《旧唐书》卷一百五《宇文融传》，中华书局，2011 年，第 3219 页。

② 周绍良主编：《全唐文新编》卷七百十五《驳张平叔粜盐法议》，吉林文史出版社，2000 年，第 8138 页。

③ ［后晋］刘昫等撰：《旧唐书》卷一百五《宇文融传》，中华书局，2011 年，第 3218 页。

④ 汪籛：《唐代实际耕地面积》，《光明日报》1962 年 10 月 24 日。

⑤ 参《均田——逃户／括户——两税——以逃户问题为中心评价武则天时期的经济政策》，《平准学刊》第五辑上册，光明日报出版社，1989。收入《胡戟文存·隋唐历史卷》，中国社会科学出版社，2000 年。

的拓荒者，"缘山导泉"的建设者，不乏这些逃户身份的人，他
们中间相当一部分是既摆脱了国家控制，又不受地主掌管的
"自由"人。自己垦种一片土地，事实上成为充分地实现了土地
所有权的自耕农，是生产力中最活跃的因素。马克思说过：

> 自耕农的自由所有权，对小生产来说，也就是对下述
> 生产方式来说，显然是土地所有权的最正常的形式。土地
> 的所有权是这种生产方式充分发展的必要条件，正如工具
> 的所有权是手工业生产自由发展的必要条件一样。①

武则天对包括逃户在内的广大农民采取比较放任和宽容的政策，
这种以宽松代替管制的经济政策，对当时农业的振兴起了良好
作用。或者可以说武则天经世济民之道的秘诀不过如是。

洛阳含嘉仓是当时使用的大型粮仓，已探出的二百五十九
座粮窖中，第一百六十号窖中还保存有五十万斤炭化了的谷物。
出土的砖铭刻有调露、长寿、天授、[万岁]通天和圣历等年
号，说明许多是武则天时入藏的。正反映"均霜均露标胜壤，

---

① 马克思：《资本论》第三卷《资本主义生产的总过程》第四十七章
之V《分成制和农民的小块土地所有制》，载《马克思恩格斯文集》第七卷，
人民出版社，2009年，第911—912页。

含嘉仓刻铭砖

交风交雨列皇畿"，是农业的好年景。在农业发展的基础上商业走向繁荣。长安三年（703）时，"天下诸津，舟航所聚，旁通蜀汉，前指闽越。七泽十薮，三江五湖，控引河洛，兼包淮海。宏舸巨舰，千轴万艘，交贸往还，昧旦永日"①。从当时社会财富的涌现，含嘉仓等大粮仓的丰实，商业的繁盛，人口稳定的增长，社会相对的安定，我们看到武则天的经济政策取得了相当的成功。②

政治上，女皇武则天为铺平自己的登基之路，巩固她的皇位，使用了酷吏滥刑种种手段，而她取得统治阶级比较广泛支持的诀窍，则是她的极有特色的给人希望的用人政策。

武则天用人的原则曾是"附己为爱，苟一言之不顺，则赤

---

① ［唐］崔融：《谏税关市疏》，载周绍良主编：《全唐文新编》二百十九卷，吉林文史出版社，2000 年，第 2491 页

② 日本《唐代研究会会报》第 3 号，1990 年 5 月。

族以难逃"①。但她不总是那么狭隘地看人。为治国，她要人才，为此她首创"殿试"，亲自面试考生；又开"南选"，方便江淮以南主要是岭南黔中士子参加吏部选官考试；长安三年（703），"举人悉授试官，高者至凤阁舍人、给事中，次员外郎、御史、补阙、拾遗、校书郎。试官之起，自此始"②。同年，"令天下诸州宜

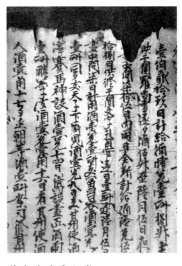

莫高窟唐代经书

教人武艺，每年准明经进士例申奏"③。开武举，选拔军将；并不时下诏求贤，允许自荐。武则天时每年科举取士的平均数超过唐太宗时一倍，是科举史上重要的奠基阶段。当时有破格用人和举贤不讳亲不避仇的风气。由于得官容易，"当时英贤亦竞为

---

① ［后晋］刘昫等撰：《旧唐书》卷八十七《李昭德传·史臣曰》，中华书局，2011年，第2857页。

② ［宋］欧阳修等撰：《新唐书》卷四十五《选举志下》，中华书局，2011年，第1175页。

③ ［后晋］刘昫等撰：《旧唐书》卷二十四《礼仪志四》，中华书局，2011年，第935页。

之用"①，一时天下人才趋之若鹜。对这些人，又根据年考实绩决定去留升黜。陆贽说："则天太后践祚临朝，欲收人心，尤务拔擢，弘委任之意，开汲引之门，进用不疑，求访无倦，非但人得荐士，亦许自举其才，所荐必行，所举辄试，其于选士之道，岂不伤于容易哉？而课责既严，进退皆速，不肖者旋黜，才能者骤升，是以当代谓知人之明，累朝赖多士之用。"②李绛亦说："天后朝命官猥多，当时有车载斗量之语。及开元中，致朝廷赫赫有名望事绩者，多是天后所进之人。"官场在大量选拔又大量淘汰的变动中，筛选出一批治国能臣，如开元名相姚崇、宋璟，便是武则天当年破格提拔并悉心保护下来的国家栋梁之材。

武则天用人，培植了一批又一批亲信，如永徽显庆年间的许敬宗、李义府，乾封以后的北门学士，临朝称帝时期则有酷吏、诸武和薛怀义、二张等男宠，但这些人只是她驾驭全局的工具，她并不把全部权力交给这些人。她要各级官僚各负其责，尤其注意让宰相班子正常工作，政事堂那些地方不许佞幸干扰。军队出征原设监军制度，有时牵制主帅决策，她一时废止。如此等等。所以尽管有酷吏的猖獗，幸臣的弄权，但整个国家机

---

① [宋] 司马光：《资治通鉴》卷二百五长寿元年一月条，中华书局，1956年，第6478页。

② [唐] 陆贽：《请许台省长官举荐属吏状》，载周绍良主编：《全唐文新编》卷四百七十二，吉林文史出版社，2000年，第5523页。

器还能大体正常运转，她不失为一个治国有方的政治家。①

其他方面，如军事上屯田的成功和长寿元年（692）复取安西四镇，在同吐蕃的长期争夺中，取得重大胜利，开辟了在尔后一个世纪里经营大西北的前景。②万岁通天二年（697）一次给突厥"谷种四万斛，杂彩五万段，农器三千事，铁四万斤"③，应视为民族关系史上一段佳话；文化上更有以陈子昂、刘知幾为代表的一代文学家、史学家的崛起，是为开元文坛繁盛的先声。沈既济将这和武则天的政策联系起来说："太后颇涉文史，好雕虫之艺，永隆中始以文章选士，及永淳之后，太后君临天下二十余年，当时公卿百辟无不以

《陈子昂集》手稿

---

① 参李树桐："武后的任用贤良，无论其动机是为国，抑为自私，其成效总是好的。"见《隋唐史别裁》，台湾商务印书馆，1995年。

② 参王小甫：《唐、吐蕃、大食政治关系史》，北京大学出版社，1992年。

③ 给予种子，《旧唐书·突厥传上》记为"四万余硕"，《新唐书·突厥传上》记为"十万斛"。此据《资治通鉴》卷二百六。

文章达，因循遝久，浸以成风。"①对空前繁荣的大唐文学艺术，武则天为它的滥觞有推波助澜之功。

总而言之，武则天治理国家的大政方针是顺应非身份性的普通地主在经济上政治上文化上取代门阀地主的历史潮流的："一、她帮助了普通地主的兴起，进一步打击了大地主、豪强地主；二、基本上消灭了关中地区的军事贵族的部曲、佃客制，为封建社会的进一步发展开辟了道路。凭这两点，就可以充分肯定武则天。"②

当然，她在主要靠滥刑和滥选两手完成上述历史任务时，是十分不自觉的。大凡历史上的伟人也都是这样不自觉地充当历史的工具的。

---

① [唐] 杜佑：《通典》卷十五《选举三》，中华书局，1988 年，第357—358 页。

② 汪篯：《武则天》，载《汪篯隋唐史论稿》，中国社会科学出版社，1981 年，第 129 页。

# 二十三 卢舍那的魅影：武则天佞佛的得与失

武则天的政弊，除用酷吏搞滥刑外，佞佛极尽铺张，也备受指责。

武则天不排斥儒、道，对佛更是情有独钟。她从小出入佛门，由《大云经疏》"神皇幼小时已被缁服"可知，她在"入宫以前，已有一度正式或非正式为沙弥尼之事"，这自然是"受其家庭环境佛教之薰习"。陈寅恪先生还指出，其母"荣国夫人之笃信佛教，亦必由杨隋宗室家世遗传所致"[1]。她生前"敬崇正化，大建福门，造

---

① 陈寅恪:《武曌与佛教》，载《金明馆丛稿二编》，生活·读书·新知三联书店，2009年，第163页。

229

像书经，架筑相续"①。《宝刻丛编》卷八有《唐代国夫人开佛窟碑》："碑称：佛窟者……［北周］武帝时被毁，至唐代国夫人杨氏复开，而立之碑，以显庆二年立。"代国夫人是杨氏早年的封号。著名的少林寺，杨氏也有扩建之功，见武则天《赐少林寺僧书》，称："弟子前随凤驾，过谒鹫岩，观宝塔以徘徊，睹先妃［杨氏］之净业薰修之所，犹未毕功，一见悲惊，万感兼集。"②《大唐天后御制诗·序》也称："睹先妃营建之所，倍切荥衿，逾凄远慕。"如陈寅恪先生所说："武曌之母杨氏必为笃信佛教之人，故僧徒欲借其力以保存不拜俗之教规。"③连少林寺的扩建，也要仰仗她的功德。其父武士彟贞观中在荆州大都督任上时，"微属亢阳，颇伤时稼，帝乃亲往长沙寺，迎阿育王像而祈焉。俄而油云勃兴，大雨洪澍"④。他也拜佛。所以武则天信佛是受其家庭环境、父母之影响。

武则天在唐太宗去世后又一度入感业寺为尼，为时一两

---

①［唐］彦悰：《集沙门不应拜俗等事》卷三《西明寺僧道宣等上荣国夫人杨氏请论沙门不合拜俗启》，转引自陈寅恪先生上文第162页。

②［清］王昶：《金石萃编》卷六十《天后御制诗书碑》。本节内容参宋德熹《唐武士彟事迹辨证》。

③陈寅恪：《武曌与佛教》，载《金明馆丛稿二编》，生活·读书·新知三联书店，2009年，第163页。

④［唐］李峤：《攀龙台碑》，载《新编全唐文》卷二百四十九，吉林文史出版社，2000年，第2799页。

年。成为唐高宗皇后以后整
一年，又生下第三子李显，玄
奘为取法名"佛光王"，并频
表贺。后武后曾赞助修建洛
阳龙门大卢舍那像龛，镌刻
于佛座北侧面上的《像龛记》
称："大唐高宗天皇大帝之所
建也……粤以咸亨三年壬申
之岁四月一日，皇后武氏助
脂粉钱二万贯……至上元二
年乙亥十二月卅日毕功。"① 在

卢舍那大佛

华夏万千佛教造像中，这座
堪称俊美第一。幸运的是经历了一千三百多年的风风雨雨，今
天还相当完好地保存下来，人们难免会在端详大佛温存慈善富
于女性魅力的面目时，联想"日角龙颜""方额广颐"的武则
天的容貌。卢舍那是释迦牟尼佛的报身，《华严经》主尊，"相
好希有，鸿颜无匹，大慈大悲，如月如日"②，象征"佛光净

---

①［清］王昶：《大卢舍那像龛记》，载龙门文物保管所、北京大学考
古系：《中国石窟：龙门石窟》第二卷，文物出版社，1992年，第236页。

②［清］王昶：《大卢舍那像龛记》，载龙门文物保管所、北京大学考
古系：《中国石窟：龙门石窟》第二卷，文物出版社，1992年，第236页。

满"，"光明遍照"。龙门大卢舍那像龛的修凿反映了武后的卢
舍那崇拜和她对《华严经》的信仰，这在她登基前后更加明
显，到了她登基的那一年，正月初七夜，她敕僧等于玄武门北
建立华严高座八会道场，与会者有僧尼数千，武后亲制《听华
严诗》并序。[1] 又诏于阗僧人提云般若译《华严经·不思议佛
境界品》一卷。[2] 登位时，更"自以'曌'字为名"[3]。在其登
位的第九年圣历二年（699），她又敕令实叉难陀等译了《华
严经》八十卷。关于此事，《宋高僧传·实叉难陀传》称："天
后明扬佛日，崇重大乘，以《华严》旧经，处会未备，远闻于
阗有斯梵本，发使求访，并请译人。又与经夹同臻帝阙，以证
圣元年乙未于东都大内大遍空寺翻译。天后亲临法座，焕发序
文，自运仙毫，首题名品。"义净、法藏都参与了翻译。武则天
请法藏为她讲新译《华严经》，以这位被推为华严第三祖的康
居人法藏为国师，人称"华严法藏""华严大师"或"康藏国
师"。古正美博士在罗列出上述一些材料后判断："武则天如此

---

① 汤用彤：《隋唐佛教史稿》，木铎出版社，1983 年，第 207、316 页。
② 见天后敕佛授记寺沙门明佺等撰《大周刊定众经目录》卷二。亦见
《宋高僧传》卷二《周洛京魏国东寺天智传》，奉武后敕译出《华严经法界
无差别论》等六部七卷。
③［后晋］刘昫等撰：《旧唐书》卷六《则天皇后纪》，中华书局，
2011 年，第 120 页。

爱好《华严经》，如此崇奉《华严》不是没有原因的。从她登基时创用'曌'字为名的事来看，我们即可看出，武则天当时不是认为自己就是《华严》主尊卢舍那佛的'分身佛身'，就是认为自己是卢舍那佛的'下身佛身'。因为'曌'字就是梵字'卢舍那'Vairocana 的字义，即'天空中的日、月神'的意思。"[①]

垂拱四年（688）五月，武则天加尊号"圣母神皇"，得悉这个要做女主改朝换代的明确信息，她在僧界的拥戴者们一齐动员起来，用佛教经典为她提供对抗男尊女卑的儒家理论，辩护她以女主临天下的合法性。

历来看重的僧众上《大云经》之事，史传有误。《旧唐书·则天皇后纪》记载初元年（689）七月事，曰：

> 有沙门十人伪撰《大云经》，表上之，盛言神皇受命之事。制颁于天下，令诸州各置大云寺，总度僧千人。

《旧唐书·薛怀义传》曰：

---

[①] 古正美：《贵霜佛教政治传统与大乘佛教》，允晨文化出版，1993年，第335页。

怀义与法明等造《大云经》，陈符命，言则天是弥勒下生，作阎浮提［人世］主，唐氏合微……其伪《大云经》颁于天下，寺各藏一本，令升高座讲说。

《新唐书·则天武皇后传》曰：

拜薛怀义辅国大将军，封鄂国公，令与群浮屠作《大云经》，言神皇受命事。

《资治通鉴》卷二百四载初元年条：

（七月）东魏国寺僧法明等撰《大云经》四卷，表上之，言太后乃弥勒佛下生，当代唐为阎浮提［人世］主，制颁于天下。……（十月）敕两京诸州各置大云寺一区，藏《大云经》，使僧升高座讲解，其撰《疏》僧云宣等九人皆赐爵县公。

上述记载均给人的印象是一批洛阳僧人为讨好武则天伪造了《大云经》新译本。意大利东方研究所福安敦教授研究了敦煌文书 S. 6502 号和 S. 2658 号两个关于《大云经疏》的写本，指出：《疏》的作者所依据的四五世纪由昙无谶或竺佛念所译《大云经》从未被改动，"新译本"实际不存在。"僧人们进献给武则天的是一本独立的文书，一份对《大云经》第四卷中有关女王登基的预言部分所作的《疏》。《疏》为武则天以转轮王和菩萨身份当政提供了周详的佐证，故于690年敕令全国寺院传抄。"福安敦教授进一步论证：在人们一直深信不疑的《宝雨经》里却含有被加工过的预言部分。达摩流支于693年所译的《宝雨经》第一卷中的一节，不见于其他三个汉文译本，也不见于藏文译本，这一节是把《大云经》第四卷中有关女王登基的预言原文扩充后再插入《宝雨经》中后形成的，而且该节同《疏》中加工过的预言部分完全一致。[1]

此前北宋赞宁和王国维、陈寅恪等都已指出《大云经》并非伪经。[2] 章群教授亦认为："则天令法明等造《大云经》之疏，事或有之，其为女王之依据，恐系直接来自《宝雨经》。"[3]

澄清了这一历史错案，再看《大云经》为什么可以被利用

---

[1] 参斯特克曼·米切尔著、张元林摘译：评《七世纪末中国的政治宣传和思想意识》，载《敦煌研究》1990年第4期。

[2] 参唐长孺：《北朝的弥勒信仰及其衰落》，载氏著：《魏晋南北朝史论拾遗》，中华书局，1983年。

[3] 章群：《唐代之胡僧》，载《第二届国际唐代学术会议论文集》，台北文津出版社，1993年。

作疏，并插入《宝雨经》中。《大云经》全称《大方等无想经》或《大方等大云经》，北凉昙无谶就有译本，其中有菩萨转身为天女当国王的经文，说佛告净光天女：大精进龙王夫人即是汝身，"汝于彼佛暂得一闻《大涅槃经》，以是因缘，今得天身。值我出世，复闻深义。舍是天形，即以女身当王国土，得转轮王所统领处四分之一。……汝于尔时实是菩萨。为化众生，现受女身"。经中还有黑河女主和谷熟城王之女增长"继王嗣……威伏天下，阎浮提中所有国土悉来承奉，无拒违者"①。这些属于大乘的典籍，原来出自天竺，曲折反映古印度的社会政治特点，与中国有差别，但既然把女主的事写进佛经，佛祖认可女性可以主天下，那么武则天当女皇帝便是天经地义，无可非议。她终于有了对付儒学的思想武器。武则天接过《大云经疏》便颁示天下，大云寺遍布全国，甚至远及西域，唐代宗宝应初西还的杜佑侄子杜环在他所著《经行记》中说：碎叶（今吉尔吉斯斯坦的托克马克附近）的"大云寺，犹存其川"。考古材料确证今国内西南、东南、西北许多地方都有大云寺遗址发现，在甘肃武威钟楼上还可以看到一口高达两米四的完好精美的大云寺遗物铜钟，形制与今在西安碑林的景云钟颇为相像，铸造年代

---

① 转引自陈寅恪：《武曌与佛教》，载《金明馆丛稿二编》，生活·读书·新知三联书店，2009年，第167页。

武威大云寺（左）

大云寺铜钟（右）

前后相差不过一二十年。

　　大约在颁《大云经》及《疏》之时，由于《疏》文"言则天是弥勒下生"，武则天转重弥勒崇拜，是她自我崇拜的一种实现方式。弥勒佛住兜率天内院，在过去、现在、未来这三世佛中属未来佛，将来继承释迦在人间成佛。竺法护译《佛说弥勒下生经》说："弥勒出现，国土丰乐……尔时人寿极长，无有诸患，皆寿八万四千岁，女人年五百岁然后出适。"鸠摩罗什译《佛说弥勒下生成佛经》说弥勒下生后，"尔时阎浮提中常有好香，譬如香山，流水美好，味甘除患，雨泽随时，谷稼滋茂，不生草秽，一种七获；用功甚少，所收甚多，食之香美，气力充实"。

僧众们设计的，也是武则天期望的，她登基坐上皇帝位时，人们像对待下生的弥勒一样欢迎她。她也不乏真诚地向往自己统治下会出现弥勒下生以后的奇迹。证圣元年（695）一月，她一度在自己的尊号里加上了慈氏——弥勒的意译，称"慈氏越古金轮圣神皇帝"，明白无误地以弥勒自居，可能是她又马上发现这样大言不惭有点不对劲，立即在二月里自己去掉了"慈氏越古"的字眼。表面的原因是明堂火给她自况弥勒一个警告，实际是称帝五年来仍要靠酷吏维持政治，内外战火不息，现实情况和天花乱坠的弥勒世界相去何止十万八千里。武则天降格以求，从弥勒佛退为菩萨，她要借此打消人们过多的期待，也要借菩萨的慈悲改善自己搞酷吏政治落下淫刑之主的不佳形象。古正美博士见告，武则天一生有过卢舍那崇拜、弥勒崇拜和菩萨崇拜三个所段，我们翘首以待她关于菩萨崇拜的研究成果发表。

关于明堂和佛教政治，福安敦和古正美的研究也得出相似的结论，福安敦教授已发现武则天和她的僧侣精英组成的智囊团有实现政教合一的打算，明堂则是巧妙糅合印度和中国的君权观念，统一中印礼仪和宗教仪轨的产物。古正美博士认为武则天修建的明堂并非传统儒家所谓的正式的听政或布政场所，而是她的"转轮王僧伽蓝"，即佛教政治发展总部。否则作为正式的听政场所，是不可能随意到"纵民入观"的。而且明堂、天堂仿照"阿育王僧伽蓝"一寺一塔的规模，是地地道道的颇具规模的"转轮王僧伽蓝"，即武则天做佛教转轮王的信证。古正美博士举出武则天做转轮王另外的证据是她使用的尊号：长寿二年（693）加"金轮圣神皇帝"，长寿三年（694）加"越古金轮圣神皇帝"，证圣元年（695）一月加"慈氏越古金轮圣神皇帝"，九月加"天册金轮圣神皇帝"。按大乘佛教经典《修行本起经》《大般涅槃经》等的说法，"转轮王"是统治人间的世界大王或王中之王，他的统治能使天下太平，百姓安乐，转轮王治世时必有七宝导从，第一即金轮宝，是最重要的治世信物，圣王以转金轮的方式降伏四方天下，大乘佛教因此即称其圣王为转轮王。贵霜王国的开创者丘就却是历史上的第一位佛教转轮王，佛教政治的创始者。武则天在自己的尊号中四次使用"金轮"的字眼，就表示她要做女转轮王。她之所以特别青睐《大云经》，也是因为该经卷四有关于净光天女授记的故事：

> 天女！时王夫人即汝身是，汝于彼佛暂得一闻《大涅槃经》，以是因缘，今得天身。值我出世，复闻深义。舍是天形，即以女身当王国土，得转轮王所统领处四分之一。

这位前身是王夫人的女子，只因一次听了讲经的因缘，得了天身，为净光天女，未来还要做女转轮王。武则天用此事来影射自己所要推行的佛教政治事业，合法化其为女转轮王的身份。她频频改用的年号，"天授"即是"天女授记"的意思，此外"证圣""天册万岁""万岁通天""神功""圣历""大足"都有佛教政治内容，寓意君权神授。福安敦教授则强调指出"武曌采纳转轮王头衔，并不仅是把此作为装饰，以满足她妄自尊大的统治，而必定是与思想意识的选择相符"，这就是采用"以转轮王形象为象征的统治权的佛教理论"，迎合"中国佛教徒如何使转轮王概念压倒天子概念的进程"，"建立佛教型的君权"。

法门寺地宫出土的蹙金绣品（疑为武则天绣裙）

　　人们通常都会责备武则天总是花样翻新地加尊号，改年号，更不要说建明堂、天堂、天枢，拜洛受图，铸九鼎，奉迎佛骨，一切传统的和外国的能用的政治手段她都尽量搜集来为自己所用，在荒唐和奢靡之外，我们看到她作为一个底气不足的孤独女性搞政治的狼狈。宽容地说，她虽然耗资无算，总还留下卢舍那在人间。①

───────────

　　① 同时还有待揭开的法门寺地宫武后绣裙。本节参考了胡明曌评价古正美、福安敦著作的文章：《转轮王武则天和她的名字》，载《法门寺唐文化国际学术讨论会论文集》，陕西人民出版社，2000 年。

二十四　宠信二张：

暮年女皇的情感是非

僧怀义被处死后，沈南璆患了不治之症，不堪驱使。为不甘寂寞的武则天寻找新的男宠的，竟是她的女儿太平公主。

万岁通天二年（697），太平公主把"年少、美姿容、善音律"的张昌宗荐给武则天，张昌宗又把他的哥哥张易之也拉进宫里。他俩是中山义丰（今河北安国）人，族祖张行成贞观末为宰相，出身寒族，在关中"新营庄宅，尚少田园"[①]，没有根基，当时于志宁请转授赐田于他。二张入宫后，武则天极有兴致地同他们游宴享乐，兄弟俩深得宠幸，连武承嗣、武三思、武懿宗、

---

① ［后晋］刘昫等撰：《旧唐书》卷七十八《于志宁传》，中华书局，2011年，第2699页。

宗楚客、宗晋卿等一班贵戚重臣都"候易之门庭，争执鞭辔，谓易之为五郎，昌宗为六郎"。郎是当时门生家奴对其主的称呼，宋璟不肯随俗相称，郑善果以为怪，宋璟奚落他："足下非易之家奴，何郎之有？"① 正可见一般朝官对二张畏惧之甚。

圣历二年正月（即 698 年 12 月），武则天为张易之置控鹤监，以张昌宗、吉顼、田归道、李迥秀、薛稷等为控鹤监内供奉。同时，武则天又命张昌宗和李峤为修书使，召张说、徐坚、阎朝隐、沈佺期、刘知幾等二十六人在内殿修《三教珠英》。② 控鹤监在久视元年（700）改名奉宸府，张易之依前为奉宸令。设置这个机构是为安置幸臣，召修《三教珠英》则有掩饰荒淫生活的目的。但是，控鹤监"颇用才能文学之士以参之"，修书又"尽收天下文词之士为学士"③，可知武则天采取这两项措施另有用意。

三十年前，她就曾以修撰为名，把刘祎之、元万顷等一批

---

① ［后晋］刘昫等撰：《旧唐书》卷九十六《宋璟传》，中华书局，2011 年，第 3030 页。

② ［宋］王溥：《唐会要》卷三十六《修撰》，中华书局，1955 年，第 657 页。

③ ［后晋］刘昫等撰：《旧唐书》卷一百九十中《阎朝隐传》，中华书局，2011 年，第 5026 页。《册府元龟》卷三百一十七《宰辅部·正直二》亦曰："麟台监张昌宗广集当时学者，删补《文思博要》，撰为《三教珠英》。"

文学之士召入禁中，让他们参决政事，"以分宰相之权"。现在的做法和过去类似，是想以二张为核心再召集起一批文士，形成一个新的亲信的政治力量。在控鹤监供奉和修《三教珠英》的人当中，确实也有一些，如吉顼、李迥秀、李峤、阎朝隐、沈佺期、宋之问等，成为张易之、张昌宗党人。

这批人之外，还有不少人为政治投机而先后依附二张，他们是"以文才降节事之"的崔融、苏味道、王绍宗①，"前托俊臣、后附张易"的郑愔，"专以谀媚取容"的杨再思，为张昌宗脱罪的韦承庆、崔神庆。武则天末年用的另一宰相房融也是二张一党。这都是些趋炎附势的人，想依靠这两个"贵宠逾分"的权臣，谋求自己的政治地位。

有了党羽，二张的势力便膨胀起来。他们"势倾朝野"，"自武三思以下，皆谨事易之兄弟"，当时"政事多委张易之兄弟"，人们"窃言二张专政"②。显然，这时的二张集团和过去的薛怀义、沈南璆不同，他们不是一两个"嬖宠之人"，而是一股政治势力。像武则天复立庐陵王为太子这样的大事，也是经二张及其党人吉顼策划说项办成的。由此可见他们干预政事之深，

---

① ［后晋］刘昫等撰：《旧唐书》卷九十四《崔融传》，中华书局，2011年，第3000页。

② ［后晋］刘昫等撰：《旧唐书》卷七十八《张行成传附张易之传》，中华书局，2011年，第2707页。

唐代苏思勖墓壁画乐舞图之《胡腾舞》（局部）

绝非等闲之辈。

　　二张得势，引起与朝臣争权的矛盾。他俩经常打击不顺从自己的大臣乃至王公贵戚，弄得关系十分紧张。久视元年（700）闰七月杨元禧兄弟三人被贬，就是因为"尝忤张易之"；长安元年（701）九月邵王李重润等三人被杀，也是因为"窃议"张易之兄弟；特别是长安三年（703）九月的魏元忠案，更是闹得"长安城内，街谈巷议……人心不安"[1]。事情的起因是魏元忠屡挫张氏兄弟，斥之为"小人得在君侧"，使武则天不悦，被二张衔恨诬告有反言。这场官司震动朝廷，从宰相朱敬则到宋璟、张说、张廷珪、刘知几和武邑人苏安恒都奋起为魏元忠辩护，可武则天还是"以昌宗之故"，将魏元忠贬为高要尉，张

---

　　[1]［后晋］刘昫等撰：《旧唐书》卷一百八十七上《苏安恒传》，中华书局，2011年，第4882页。

说等人也受牵连流岭表。①

官员们愤愤不平，"抚髀于私室而钳口于公朝"。二张不仅夺走了许多权力，还使人感到当年滥刑下的厄运似乎又临头了，攸关身家性命的利害迫使一批朝臣起来反击二张。

除了王及善、韦安石等个人的行动外，在五王政变前的半年内，反二张派的朝臣们曾两次群起而攻之。

第一次是张氏兄弟的贪赃案。张易之兄弟五人，生活糜烂，处事霸道，个个是贪污能手。长安四年（704）七月，他们贪赃不法的事败露，兄弟五人一齐下狱。御史大夫李承嘉和中丞桓彦范奏张昌宗应免官，武则天却用杨再思说，借口张昌宗合药有功，将他赦免，并令复职。宰相韦安石又举奏张易之等罪，武则天只好敕付韦安石、唐休璟再行鞫问。可是她马上又变了卦，在八月里把韦、唐二相放为外官，草草了结这桩公案。

第二次是当年十二月张昌宗引术士占相被告发的案件。张昌宗下狱后，御史中丞宋璟和封全祯、李邕、桓彦范、崔玄晖、崔昇等以张昌宗"图天分，是为逆臣"，坚持问罪。特别是宋璟一再执言"法当处斩破家"，"若昌宗不伏大刑，安用国

---

① ［后晋］刘昫等撰：《旧唐书》卷九十二《魏元忠传》，中华书局，2011 年，第 2953 页。参《唐会要》卷六十四《史馆杂录下》、《册府元龟》卷三百一十七《宰辅部·正直第二》。

法"！武则天还想使用对付韦安石、唐休璟的办法，三次下敕要宋璟赴外差，宋璟以"中丞非军国大事，不当出使"为理由不走。武则天不得已，只好责令对昌宗审讯议罪，但最后还是"遣中使召昌宗特敕赦之"。宋璟怒不可遏，说："不先击小子脑裂，负此恨矣！"①

可是武则天在群起而攻之的形势下维护二张，为他们杀孙子（太子的长子）、孙女、孙女婿，贬走魏元忠、韦安石、唐休璟等多年重用的大臣，将部分政务交给这两个秽声载道的家伙，四次命令审鞫二张之后又四次下敕赦免，在二张一再被人告为谋反，甚至像苏安恒警告的那样，不除二张将"逐鹿之党叩关而至，乱阶之徒从中相应，争锋于朱雀门内，问鼎于大明殿前"②，还要冒天下之大不韪，不怕树敌，不怕引火烧身，死死维护二张。显然，仅以二张是这位年

宋璟像

　　① 参见《旧唐书》卷九十一《桓彦范传》和卷九十六《宋璟传》。参《唐故北海郡守赠秘书监江夏李公（邕）墓志铭》，载《千唐志斋藏志》，文物出版社，1984年，第917页。

　　②［后晋］刘昫等撰：《旧唐书》卷一百八十七上《苏安恒传》，中华书局，2011年，第4882页。

逾八旬的老太太的男宠是解释不清的。答案只能从政治方面去找，武则天需要一支亲信可靠的力量作为维持自己统治的工具。

最初在废王立武之争时期，武则天靠的是许敬宗、李义府一伙，可是他们在7世纪70年代就或死或杀，被淘汰了。

以后，武则天依靠过北门学士和废中宗时用的裴炎那批人。可是他们有的老死了，其余几乎都在80年代和90年代的恐怖政治中被武则天消灭了。

文明以后酷吏们在政治斗争中起了不小作用，但他们的活动只局限于掌握司法机器一个方面，而且在90年代中便已大多被杀了。

佛道二教的僧侣和在京城的数目可观的少数民族大小首领，在武则天称帝时也起过突出的支持作用，但终究是不能靠他们实现政治统治的。

武则天临朝称制以后，宰相大臣们或因专权用事，或因被罗织，有的被杀，有的被贬，变迁频仍，武则天手下始终没有形成一个比较稳定的政治核心。自己本家诸武，本来是可以信赖的，但武承嗣等大闹争当太子的事非常不得人心。圣历元年（698）武则天在继承人问题上于母子姑侄之间做了最后抉择，用"为誓文，告天地"和联姻之类办法调节李武两姓的矛盾，诸武的权势和气焰被适当地压抑了，也就是说，她对武氏诸王确实"非所属意"①，不再把大权交给本家，不能以诸武为自己核心的政治力量了。

武则天找来找去，找到二张头上。二张是靠得住的，他们出身平平，除了有一个在永徽初年做过宰相的族祖张行成，再没有可以挂齿的政治背景。他们是以幸臣身份进用的，张昌宗说的是老实话，武则天在，他们是"千人推我不能倒"，离开了武则天，就变成"万人擎我不能起"了。②这也是武则天用他们为亲信的重要原因。

为什么武则天不能再从朝臣中选拔一批人，像过去提拔许敬宗、李义府及北门学士时那样做呢？武则天的统治代表着整个地主阶级的利益，特别有利于新兴普通地主的发展，是有相当的阶级基础的，但为什么这时她不能从普通地主及在政治上转向拥护武则天的出身于旧门阀的官僚中组织起一个新的权力中心呢？这是武则天过去十几年中实行了滥刑的缘故。

一方面，武则天不信任他们，"疑天下人多图己"和"乱臣贼子，日犯天诛"引起的四面楚歌的忧虑，不可能消除干净。特别是刘祎之和李昭德二人，曾是她"甚见亲委"的大臣，可

---

① ［宋］王溥：《唐会要》卷五十一《识量上》，中华书局，1955 年，第 889 页。

② ［唐］张鷟：《朝野佥载·补辑》，中华书局，1979 年，第 161 页。

后来他们竟"专权使气"，公然顶撞自己。武则天得了这些教训，不能不疏远一般文武大臣。

另一方面，文武大臣们对武则天也存有戒心，当年的酷吏和诏狱，他们必然是记忆犹新的。当时人无固志，认为武则天同他们"朝与之密，夕与之仇，不可保也"。过去使用滥刑使武则天失掉了臣僚们对自己的信任，他们不能或者不愿成为武则天太亲信的人，反倒有不少人越来越对唐室怀旧，即所谓"唐之名臣，难忘中兴之计"[①]。

当年的武则天起来反对现在的武则天了。她终究自食其果。那把曾经得心应手的刑刀在武则天的君臣关系中刻下一道深深的裂痕，表面上融洽的君臣关系下面埋伏着危机，武则天晚年实际上是非常孤立的。内心的空虚寂寞使她不得不在政治上求助于二张，而这样做又使她更加孤立，最后二张为她招来了政变。

---

① ［后晋］刘昫等撰：《旧唐书》卷八十七《史臣曰》，中华书局，2011 年，第 2856 页。

神龙元年（705）正月二十二日（癸卯），张柬之、桓彦范、崔玄㬂、敬晖、袁恕己五人发动了一场军事政变，推翻了武则天，拥戴唐中宗复辟。后来张柬之等五人封王，所以这起事件，史称"五王政变"。

武则天统治末期，原来统治阶级内部两个比较尖锐的矛盾，由滥刑造成的武则天和她的大臣之间的矛盾，以及李武两姓争夺皇位继承权的矛盾，已因诛杀来俊臣等酷吏和复立庐陵王为太子而缓和下来。那么，为什么又爆发了这次政变？为什么张柬之等人迫不及待地在武则天老病垂危、中宗即将复位的时候，冒险发动这次政变呢？问题就出在二张身上。武则天晚年重用二张，在统治集团内部酿成新的矛盾冲突，二张的问题成了武则天末年政治斗争的焦点，对立的两派毫不相让，反二张派终于结成一个政变集团，诉诸武力，发动"五王政变"。

政变集团的形成，当溯源于狄仁杰。狄仁杰虽在久视元年（700）九月便死去了，但他生前做宰相时，曾举荐了姚崇、桓彦范、敬晖、张柬之、崔玄暐、袁恕己等人，他们都是后来政变的核心人物。虽然不能说狄仁杰当时已有政变意图，但他的行动实际上起了最初的组织作用。

姚崇在政变前四个月出任灵武道大总管时，荐张柬之为相。神龙元年（705）正月他自灵武军还都，与谋政变。姚崇虽不在五王之列，却是个重要的幕后人。

张柬之在长安初年接替杨元琰为荆州长史时，两人已密谈过匡复事。[①] 长安四年（704）十月由于姚崇的推荐做了宰相之后，便大力抓军队，组织政变力量。张柬之是政变的主谋。

参加政变的人，主要集中在三个部门：

一是在太子东宫和相王府供职的。他们是兼检校太子右庶子的宰相崔玄暐，相王府司马袁恕己，太子典膳郎王同皎。姚

---

① ［后晋］刘昫等撰：《旧唐书》卷一百八十五下《杨元琰传》，中华书局，2011年，第4810页。

崇多年为相王府长史。职方郎中崔泰之原是东宫旧臣。[1]

二是在刑部、大理寺、御史台任职的。这几个部门在酷吏之后，荟萃了一批明于执法的人才，大都是反对二张的。其中参加政变的有当宰相前为秋官侍郎的张柬之，前后为司刑少卿的桓彦范、袁恕己。此外，御史中丞宋璟、监察御史张廷珪、司刑少卿崔昇、殿中侍御史王晙等也是反二张的，但他们在政变时的活动不详。

三是在中央禁卫军任职的。他们是右羽林大将军李多祚，左右羽林卫将军敬晖、杨元琰、李湛、薛思行、赵承恩等。桓彦范亦有羽林将军衔。

政变前夕，他们还联络好太子、相王、太平公主和武则天外家的杨执一、杨睿交及洛州长史薛季昶等人。这一派有不少鄙薄二张、比较正派的官僚，也有受到二张排挤后站过来的。目光短浅的势利小人多投入二张一边。朝臣们是依照各自对二张的态度分派，按对这场斗争前途的预测抉择自己的立足点的。同僚关系是他们结合的主要途径。

至于说到两派对立有无更深刻的阶级阶层差别，那就要探讨一下士族门阀与寒族普通地主的问题。

---

[1]《大唐故银青光禄大夫守工部尚书赠荆州大都督清河郡开国公上柱国崔公（泰之）墓志铭并序》，载河南省文物研究所、河南省洛阳地区文管处编：《千唐志斋藏志》，文物出版社，1983 年，第 630 页。

士族门阀在南北朝后期已趋没落，在唐朝虽还作为一个流传很广的术语使用，特别是在人们的社会意识中，在婚姻关系中，还比较讲究门第，但由于它已丧失了昔日的经济政治特权，转而强调当朝官爵高下，已是一个没有明确界限的圈子。不过其传统的优越感，文化素养，高自标置的礼法门风还保留在人们的印象中，显示出与一般寒族庶人的区别。唐人墓志叙先祖家世，无不尽力高攀士族，就是一明显例证。

政变集团和二张集团之间有这样一些差异：政变集团成员多出身门阀，比较重视政治才干，作风比较检点；而二张的出身应列入寒族，这一派多文学之士，重文辞，生活作风浮华放浪。笼统而言，似乎政变集团具有较多的门阀特征，二张一方则带有较浓的普通地主色彩。然而，在这些方面双方也有交叉或相通之处。从更引人注目的仕途来看，双方都有不少人是通过科举考试上来的，除了二张派的人进士的比例稍大些，反二张派的人明经出身的比例稍大一些这样一个细微的差别之外，两派都走着主要靠科举而不是门荫进身的道路。

总而言之，政变时对立的两个集团的结合，是在争权和倾轧中的政治联盟，是统治阶级内部权宜的结党分派，各人是以自己对二张政治态度的向背决定去从的。

我们强调对二张的态度而不是对武则天的态度或对太子李显的态度，是因为用对后二者的态度来区分两派不够准确。他们的结党和斗争并不具有更深刻的门阀地主同普通地主两个阶层对立的意义，并没有大官僚贵族集团和中小地主官僚集团对立的意义，更没有新旧地主集团同商人集团、城市劳动者之类不同经济利益集团对立的意义，也谈不上他们在政见上有什么不同。自然也应注意到五王政变集团带有若干门阀特征，这是历史条件打上的烙印。门阀性的思想社会因素在双方的对立和结党中或许有过一些作用，但绝不是对立的决定因素，不是结党的主要原因。

"长安晚岁，孽竖弄权，阴兴篡夺之心，将肆虔刘之虐。"[1] "于时外戚干政，内嬖握权，将假中闱，图危冢嗣。"[2]长安四年（704）末，武则天病重，朝廷的气氛顿时紧张，问题一下子集中到继承人上。尽管二张根本没有觊觎皇位的资格，很难说他们是否"欲作乱，将图皇太子"，但张氏兄弟确实不能不担心武则天一旦死去，自己失去靠山后的处境，因此"引用党援，阴为之备"。洛阳城里风风雨雨地谣传"易之兄弟谋反"。当时武则天累月不见宰相，唯张易之、张昌宗侍侧，"居中用事"，这使朝臣们心神不安，不知二张会干出些什么事来。既然

---

① 吴钢主编：《全唐文补遗》第二辑，三秦出版社，1995年，第411页。

② 吴钢主编：《全唐文补遗》第一辑，三秦出版社，1994年，第107页。

张柬之像

二张"入阁侍疾，潜图逆乱"①成为定论，于是有崔玄暐出面请武则天用太子相王"侍汤药"之议，要求"不令异姓出入"②，也就是要从宫中逐出二张。但这一手没有成功，政变就很快提上日程了。

政变的组织工作在长安四年（704）十月张柬之做宰相后特别加紧地进行着。他首先抓军队，把杨元琰、桓彦范、敬晖、李湛四人安插到禁军中，又把"掌禁兵北门宿卫二十余年"的右羽林大将军李多祚争取过来，这样就有了决胜的把握。

神龙元年（705）正月，姚崇回到洛阳，参与密谋。桓彦范和敬晖秘密地给太子通了消息。至此一切准备就绪，乘武则天卧病不起，发动了政变。

玄武门是"形势要害之地"，这在洛阳和长安都是一样的。政变部队顺利拿下玄武门，突入宫中，二张一伙没能做什么反抗就俯首伏法了。政变的参加者通乐府果毅刘庭训的墓志铭

---

① ［后晋］刘昫等撰：《旧唐书》卷九十一《桓彦范传》，中华书局，2011年，第2829页。

② ［宋］王钦若等编纂：《册府元龟》卷三百一十五《宰辅部·公忠》，凤凰出版社，2006年，第3569页。

记述这一事件道："小贼张易之恃宠凭陵，因为叛换，逞不臣之计，有无君之心。公翼奉圣躬，亲当矢石，斯须之际，遽从枭首。"[1]

政变过程中的一些情况，也清楚地表现着反二张的性质。张柬之动员禁军头领李多祚参加政变时说的是"大帝之子见在宫中，逆竖张易之兄弟擅权，朝夕危逼。宗社之重，在于将军"[2]。王同皎、李湛将政变计划密陈太子时说的也是"逆竖反道，显肆不轨，诸将与南衙执事刻期诛之"[3]。政变队伍自玄武门"斩关而入"，直奔武则天所在的迎仙宫，抓到张易之、张昌宗，当下就把他俩杀了。这时张柬之向武则天解释他们的行动，只是"张易之、昌宗谋反，臣等奉太子令诛之"[4]。随即又杀了张昌期、张昌仪、张同休，把二张的党羽宰相韦承庆、房融以及崔神庆、李峤、阎朝隐、宋之问、杜审言等数十人贬流外地。政变达到了诛除二张势力的预期目的。

---

① 陈长安：《隋唐五代墓志汇编》（洛阳卷）第十册，天津古籍出版社，1991年，第9页。

② ［宋］王溥：《唐会要》卷七十二《京城诸军》，中华书局，1955年，第1292页。

③ ［宋］欧阳修等撰：《新唐书》卷一百九十一《王同皎传》，中华书局，2011年，第5507页。

④ ［宋］司马光：《资治通鉴》卷二百七神龙元年正月条，中华书局，1956年，第6580页。

政变次日，以武则天名义下《则天太后命皇太子监国制》[①]。第三天武则天传位于太子，第四天唐中宗复位。政变在没有造成大的惊扰和社会动乱的情况下，完全成功了。

武则天在自己统治的末期调整了政策，旧日统治集团内部的矛盾缓和下来了。在那时，无论是太子李显，还是政变集团中的主要角色，都和武则天有了比较好的关系。武则天主要因为是二张的保护者——当然也是太子李显马上登基的障碍——所以在政变中被请下台了。这位在半个多世纪政治斗争中的常胜者，终于没有逃脱悲剧性的结局。

①［宋］宋敏求：《唐大诏令集》卷三十，中华书局，2008年，第111页。

## 二十六 上阳正寝：一朝退位，油尽灯枯

　　唐中宗复位后一日，正月二十五日（丁未），武则天徙居洛阳宫城西南的上阳宫，很不情愿地离开了她做了十五年皇帝的宫城。第二天，唐中宗以翩翩姿态亲自率领文武百官到上阳宫问安，还为被废黜的母帝上尊号"则天大圣皇帝"，名义上仍保有最高的荣崇。

　　二月初一（辛亥）皇帝再次率领百官到上阳宫问候起居，以后每十天一往请安。虽然当时恢复了唐的国号，郊庙、社稷、陵寝、百官、旗帜、服色、文字也都恢复永淳以前旧制，又将周庙七主迁出太庙，仍安置在长安崇尊庙，但以武三思为首的诸武仍因与唐中宗韦后有亲昵非常的关系，武氏的地位不衰。

259

无论如何，对于武则天这样为权力追逐了一生的政治人物，失掉皇位是不堪忍受的痛苦，她骤然变衰老了，憔悴了。当年她活跃在政治舞台上，意气风发，以六十八岁之高龄而齿落更生，"太后春秋虽高，善自涂泽，虽左右不觉其衰"。那年因而改元长寿。但被打发到上阳宫实际处于软禁中后，心境极坏，无心打扮，所以一下子露出衰老相，儿子中宗皇帝见状大惊，深感愧对母亲。精神一垮，已是风烛残年的武则天的身体跟着就彻底垮下来了。

当年十一月初二（壬寅），即 705 年 12 月 11 日，虚岁八十二的武则天凄凉地死在上阳宫的仙居殿。遗制："去帝号，称则天大圣皇后。王、萧二族及褚遂良、韩瑗、柳奭亲属皆赦之。"[①] 如果这确是出自她本意的遗嘱，那是为安慰自己的良心罢了。长安二年（702）八月她已下敕："自今有告言扬州及豫、博余党，一无所问，内外官司无得为理。"[②] 随即又命苏颋清理滥刑冤狱。到长安四年（704）末，一并赦免。被酷吏陷害的，这

---

① ［宋］司马光：《资治通鉴》卷二百八神龙元年十一月条，中华书局，1956 年，第 6596 页。

② ［宋］司马光：《资治通鉴》卷二百七长安二年八月条，中华书局，1956 年，第 6559 页。

最早的也是最后的一批冤家，终于在临死前也赦免了，她不愿再同他们结冤于阴间地府。

神龙二年（706）正月，武则天的灵柩在唐中宗皇帝亲自护送下回到长安，五月隆重地举行安葬仪式，和唐高宗皇帝合葬在乾陵，并在陵前高高地竖起那座无字碑，由后人去评说这位女皇帝一生的功过是非。

无字碑

# 二十七 身后褒贬：

盖棺不能论定，功罪任人评说

武则天作为一位奇特的女性，一位重要的政治人物，中国历史上唯一的真正执掌国柄的女皇帝，历来人们对她毁誉不一，褒贬并至。我们最后回顾一下武则天下台和去世以后一千三百余年间关于她的种种评价议论，或者是一件对认识她、研究她不无裨益的事情。

## 一、政变集团人物对武则天的态度

神龙元年（705）正月初一，武则天宣布改元，并大赦自文明以来非扬、豫、博三州及诸反逆魁首的所有罪犯。她以八十二岁高龄，病卧在床之身，仍做着消除酷吏政治后不良影响的努力。不料二旬之后，正月二十二日，宰相张柬之等五人与太子李显发动宫廷政变，率领禁军直入迎仙宫长生殿，斩张易之、张昌宗于庑下，以"天意人心"的名义，迫使她交出皇权。

可是参与政变的许多人物对武则天不绝情义的态度，很值得玩味。"五王"之一的李义府少子李湛，张柬之入相后引为左羽林将军，曾出面说服太子同意政变，当天率所部兵直至武则天寝殿长生殿，环绕侍卫，告罪说："奉令诛逆贼易之、昌宗，恐有漏泄，遂不获预奏，辄陈兵禁掖，是臣等死罪。"武则天责备道："我于汝父子恩不少，何至是也！"①"湛惭不能对。"②

当时武则天又责问宰相崔玄暐："他人皆因人以进，惟卿朕所自擢，亦在此邪？"崔回答："此乃所以报陛下之大德。"③

第三位名忝"五王"之列的敬晖，事后说到武则天时犹称："则天皇后，临御帝图，明目达聪，躬亲庶政。"④对她仍恭

① ［后晋］刘昫等撰：《旧唐书》卷八十二《李义府传附李湛传》，中华书局，2011 年，第 2771 页。

② ［宋］司马光：《资治通鉴》卷二百七神龙元年正月条，中华书局，1956 年，第 6581 页。

③ ［宋］司马光：《资治通鉴》卷二百七神龙元年正月条，中华书局，1956 年，第 6581 页。

④ ［宋］王溥：《唐会要》卷四十七《封建杂录下》，中华书局，1955 年，第 832 页。

姚崇像

而敬之。

宰相姚崇，实际是这次政变的幕后策划人，当武则天搬出长期居住处理政务的迎仙宫时，他"独呜咽流涕"，桓彦范、张柬之等劝说："今日岂是啼泣时，恐公祸从此始。"姚崇回答："事则天岁久，乍此辞违，情发于衷，非忍所得。昨预公诛凶逆者，是臣子之常道，岂敢言功；今辞违旧主悲泣者，亦臣子之终节。缘此获罪，实所甘心。"①果然，他当即被放到外州当刺史。固然是这位开元名相出自他从可以预料的中宗朝乱政中脱身的机智，但为退位的武则天啼泣伤感，也确是多年被知遇而发自内心的衷情。

太子李显，武则天的第三子，二十年前被从皇位上撵下来安置于房州（今湖北房县），幽闭中历尽苦厄，痛不欲生。但自圣历元年（698）被复立为太子后，母子间重建了和谐的关系。政变前，桓彦范、敬晖向他通报过消息，得到他同意。但事变

---

① ［后晋］刘昫等撰：《旧唐书》卷九十六《姚崇传》，中华书局，2011 年，第 3023 页。

时李湛、李多祚等来东宫迎他，他却不肯出，说："凶竖悖乱，诚合诛夷，然圣躬不豫，虑有惊动，公等且止，以俟后图。"① 竟为他母亲的病体担心要推迟行动。只是在李湛等以不能陷诸将相于鼎镬等话语的催促下，才上马就路参与政变。

以上情况表明，这次政变的矛头指向"二竖"张易之、张昌宗，性质是反二张的。从个人恩怨说，政变集团中相当一批核心人物与武则天有良好的关系，他们为诛除二张稳定政局而发动政变，因此必然要年迈的武则天让位给李显并恢复李唐政权，但他们本人并不是反武则天的。这种微妙复杂的关系，在古今中外的政变史中不是很多见的。

## 二、关于如何安葬武则天的争议

武则天死后如何安葬，自然反映着当朝对她一生的评价。

武则天临终前对自己的后事曾有安排："遗制祔庙、归陵，令去帝号，称则天大圣皇后。"② 在"归陵"问题上，有人提出异议。给事中严善思反对"以卑动尊"，开陵合葬，说："乾陵玄

① ［后晋］刘昫等撰：《旧唐书》卷八十二《李义府传附李湛传》，中华书局，2011年，第2771页。

② ［后晋］刘昫等撰：《旧唐书》卷六《则天皇后纪》，中华书局，2011年，第132页。

唐高宗乾陵

阙，其门以石闭塞，其石缝隙，铸铁以固其中，今若开陵，必须镌凿……恐多所惊黩。"并说："修筑乾陵之后，国频有难，遂至则天太后权总万机，二十余年，其难始定。今乃更加营作，伏恐还有难生。"因此他提出"依汉朝之故事"，皇后不合葬，"于乾陵之傍，更择吉地……别起一陵"。[①]唐中宗令"百官详议"，但并不见有人附议，而且马上发现严的表奏隐约其词贬抑他母亲，随即下令："准遗诏以葬之。"[②]

神龙二年（706）正月，唐中宗亲自护送武则天的灵车返回长安，五月，将武后的遗体安放于乾陵之中，与唐高宗合葬。武则天实现了自己生前的愿望。她具有这一资格，实在是无可

---

① ［后晋］刘昫等撰：《旧唐书》卷一百九十一《严善思传》，中华书局，2011 年，第 5102 页。

② ［宋］王溥：《唐会要》卷二十《陵议》，中华书局，1955 年，第 397 页。

争议的。

当时用的挽歌，有宋之问写的："象物行周礼，衣冠集汉都。谁怜事虞舜，下里泣苍梧。"[1]崔融写的两首之一为："宵陈虚禁夜，夕临空山阴。日月昏尺景，天地惨何心。紫殿金铺涩，黄陵玉座深。镜奁长不启，圣主泪沾巾。"[2]是天子百姓与天地同悲了。

葬仪上用的《则天大圣皇后哀册文》也是国子司业崔融撰写的，盛赞在高宗朝，"皇曰内辅，后其谋咨"，高宗死时"亦既顾命"，旋"辞不获已，从宜称制，于斯为美。仗义当责，忘躯济厄，神器权临，大运匪革，宗祧永固"。称她"英才远略，鸿业大勋，雷霆其武，日月其文……四海慕化，九夷禀朔，沉璧大河，泥金中岳，巍乎成功，翕然向风"[3]。崔融"思苦神竭"，哀册撰成，"绝笔而死"[4]。看来是真动了感情，哀伤过度，以身殉武则天了。

①［清］彭定求等编：《全唐诗》第二册，延边人民出版社，2004年，第366页。

②［清］彭定求等编：《全唐诗》第二册，延边人民出版社，2004年，第422页。

③ 周绍良主编：《全唐文新编》卷二百二十《则天大圣皇后哀册文》，吉林文史出版社，2000年，第2504页。

④［宋］欧阳修等撰：《新唐书》卷一百一十四《崔融传》，中华书局，2011年，第4196页。

崔融所撰哀册，对武则天的褒扬可谓无以复加，这是盖棺定论，代表了唐中宗的意见。中宗并不把武则天当成李家叛逆和自己的政敌，他承认"周、唐一统"，自己"受母禅"①，把自己视为武则天的合法继承人，专门下敕：不许言"中兴"②。在即位赦文中并赞扬："则天大圣皇帝，宣聪成德，浚哲应期，用初九之英谟，开太一之宏略……惠育黎献，并登仁寿。"③在《答敬晖请削武氏王爵表敕》中再次恭称："则天大圣皇帝，内辅外临，将五十载，在朕躬则为慈母，于士庶即是明君。"甚至为其辩护说："周唐革命，盖为从权，子侄封王，国之常典。"④母子间前嫌俱释，连当年同他一起在房州苦熬过来的韦后，这时也同诸武打得火热，全不记仇了。

谥号，也是生者对死者一生功过评价的反映。武则天生前留遗嘱："去帝号，称则天大圣皇后。"⑤中宗就以此为她的谥号，

①［宋］欧阳修等撰：《新唐书》卷一百九《宗楚客传》，中华书局，2011年，第4103页。

②［宋］宋敏求：《唐大诏令集》卷一百十四《不许言中兴敕》，中华书局，2008年，第598页。

③［宋］宋敏求：《唐大诏令集》卷二《中宗即位赦》，中华书局，2008年，第6页。

④ 周绍良主编：《全唐文新编》卷十七《答敬晖请削武氏王爵表敕》，吉林文史出版社，2000年，第223页。

⑤［后晋］刘昫等撰：《旧唐书》卷六《则天皇后纪》，中华书局，2011年，第132页。

睿宗即位，追上"天后"，景云元年（710）十月，改为"大圣天后"，延和元年（712）六月，再追尊为"天后圣帝"。玄宗开元四年（716）十二月，改为"则天后"，天宝八载（749）六月，再改定为"则天顺圣皇后"。是顺不是逆，而且神圣非凡，一直保持了受到李姓子孙尊崇的地位。

武则天改唐为周登基称帝时，在神都创置武家太庙，尊其父太原王武士彟为孝明皇帝，母杨氏为忠孝太后，王、妃墓也改为昊陵和顺陵。中宗复周为唐，迁周庙七祖于西京崇尊庙，更号崇恩庙，制："武氏三代讳，奏事者皆不得犯。"[1] 武则天父母墓仍旧称陵。神龙三年（707）二月，又特诏："武氏崇恩庙依旧享祭，仍置五品令、七品丞，其昊陵、顺陵置令、丞如庙。"[2] 直到太平公主被杀后，唐玄宗才废除了周孝明皇帝号，武家才结束了皇家享有的祭祀规格。然而，武士彟仍称太原王，其陵仍称太原王墓，武则天的牌位被供奉在李家太庙里，以"天皇圣帝"的庙号配享高宗。过了近十年，开元四年（716）十二月，太常卿姜皎等人才上疏，认为"若使帝号长存，恐非

---

① ［宋］司马光：《资治通鉴》卷二百八神龙元年五月条，中华书局，1956年，第6590页。

② ［后晋］刘昫等撰：《旧唐书》卷七《中宗纪》，中华书局，2011年，第143页。

圣朝通典"，才改为"则天皇后"。① 在国史中，她仍以皇帝的身
份被列为本纪，终唐之世不改，一直影响到后来两《唐书》的
修撰。

# 三、唐五代对武则天的评价

中宗、睿宗、玄宗三朝，武则天的子孙在位，这时武则天保
持受尊崇的地位，一般人不便对她妄加议论，这是比较自然的。
睿宗先天二年（713）诰称"运光五圣"②，李白《上云乐》诗称
"中国有七圣"，都包括武则天。唐睿宗还在景云元年（710）
"以二女西城、隆昌公主为女官，以资天皇太后之福"③。她俩
即金仙、玉真公主。当时甚至还有再兴武周的舆论。神龙元年
（705）二月姜皎密疏："则天皇帝在西宫，人心犹有附会。"④
唐中宗时还有人说："今天下苍生，犹以武氏为念，大周必可

---

① ［宋］王溥：《唐会要》卷十五《庙议上》，中华书局，1955年，第
325页。

② 周绍良主编：《全唐文新编》卷十九《命皇帝处分军国政刑诰》，吉
林文史出版社，2000年，第250页。

③ ［宋］司马光：《资治通鉴》卷二百一十景云元年十二月条，中华书
局，1956年，第6659页。

④ ［宋］司马光：《资治通鉴》卷二百八神龙元年二月条，中华书局，
1956年，第6587页。

再兴。"①

　　唐玄宗时，武则天声望不减，与后宫妃子中，武则天的后辈仍颇得势也有关系。一位是武惠妃，她是武则天从父子恒安王武攸止之女，开元十二年（724）王皇后被废以后最得宠，"宫中礼秩，一同皇后"。一共为唐玄宗生过七个子女，是寿王瑁的生母。开元二十五年（737）去世，赠贞顺皇后。另一位景云元年（710）入李隆基太子宫的杨妃，唐肃宗的生母，是武则天外祖父隋宗室宰相杨达的曾孙女，后赠元献皇后。也就是说，武则天本家和外家的侄女在唐玄宗后宫都很有地位，应也是武则天继续受尊崇的原因。

　　但开元初年已有无行文人张鷟撰《朝野佥载》，闲话武则天朝政治，"琐尾擿裂，且多媟语"②，又往往叙事失实，影响史料价值。

　　安史之乱后，藩镇难作，李唐王朝日见衰微。所谓女祸误国的议论渐兴，许多人站在维护李唐天下的立场上非难武则天。

---

　　①［后晋］刘昫等撰：《旧唐书》卷一百八十三《武承嗣传附武延秀传》，中华书局，2011年，第4734页。

　　②［宋］洪迈：《容斋续笔》卷十二《龙筋凤髓判》，中华书局，2005年，第364页。

唐肃宗时李泌所奏："天后方图临朝，乃鸩杀孝敬。"[1] 这条最早关于李弘是武则天鸩杀的史料，看来是李泌为阻止张皇后忌害广平王李豫（唐代宗）而随意采摘传闻为故事。事隔三代，李泌可以对事实真相不加详考，但他信口说来，给后人以攻讦武则天杀子的口实。

约成书于大历末年的刘肃《大唐新语》，最早载入了模拟吕后残杀戚夫人为人彘的故事杜撰的武则天杀王皇后、萧淑妃做人彘的故事，遂传为信史。刘肃和张鹭的书中对武则天时酷吏的猖獗做了必要的揭露，只是可信的程度怕是要打折扣的。

唐德宗建中元年（780）七月，沈既济奏议驳吴兢所撰《国史》以武则天事为本纪"是谓乱名"，"请并天后纪，合孝和纪……别纂录入皇后列传"。这意见当时未被采纳。奏议一面肯定"伏以则天皇后，初以聪明睿哲，内辅时政，厥功茂矣"；一面又说后来"太后以专制临朝，俄又废帝，或幽或徙，既而握图称箓，移运革名，牝司燕啄之踪，难乎备述"。[2] 闪烁其词，进行抨击。这样既对武则天的政绩和她开始掌权的合法性给以相当的肯定，又对她"体自坤顺，位居乾极，以柔乘刚，天纪

---

[1]〔后晋〕刘昫等撰：《旧唐书》卷一百一十六《承天皇帝倓传》，中华书局，2011年，第3358页。

[2]〔宋〕王溥：《唐会要》卷六十三《修国史》，中华书局，1955年，第1095—1096页。

倒张"的篡国行为倍加斥责，成为以后唐代士人评论武则天的一种基本模式。客气一点的，替她将过错推给别人。唐宪宗元和元年（806），王泾辩称："属太后圣寿延长，御下日久，奸臣擅命，紊其纪度。"①

也有突破上述评论模式的。杰出的政论家陆贽贞元八年（792）所上《请许台省长官举荐属吏状》说："往者，则天太后践祚临朝，欲收人心，尤务拔擢，弘委任之意，开汲引之门，进用不疑，求访无倦，非但人得荐士，亦得自举其才。所荐必行，所举辄试，其于选士之道，岂不伤于容易哉！然而课责既严，进退皆速，不肖者旋黜，才能者骤升，是以当代谓知人之明，累朝赖多士之用。"②对武则天的用人政策倍加赞誉，认为是应当仿效的典范。他这个论断被后来的史学家们广泛引用。

贞元二十一年（805）唐顺宗诰有"九圣储祥，万邦咸休"之语，仍列武则天在内，这当与他是革新派皇帝的立场有关。

唐文宗开成二年（837）入相的杨嗣复看法与陆贽迥异。文宗问他："天后用人，有自布衣至宰相者，当时还得力否？"杨回避做正面肯定的回答，说："天后重行刑辟，轻用官爵，皆自

---

① ［后晋］刘昫等撰：《旧唐书》卷二十五《礼仪志五》，中华书局，2011年，第956页。

② ［唐］陆贽：《陆宣公集》卷十七，浙江古籍出版社，1988年，第174页。

图之计耳。"① 他对这个"阴忍鸷居"的女主没有好感。稍后的孙樵，"惧后世牵以称临"，坚持"天后擅政……不可谓正"。② 同杨嗣复一样否定武则天。

晚唐诗人李商隐写过一个劝武则天"屏去男妾，独立天下"的宜都内人，一面指出："武后篡既久，颇放纵，耽内习，不敬宗庙，四方日有叛逆，防豫不暇。"一面借宜都内人之口极赞武则天："独大家革天姓，改去钗钏，袭服冠冕，符瑞日至，大臣不敢动，真天子也。"

五代后蜀孟昶在利州时为武则天重修皇泽寺新庙，立碑刻石，文中凡遇"天后"或"后"字必顶格书写，有关敬语如"玄贶""神像"等文则空三格，对武则天尊崇备至。③

后晋开运二年（945）刘昫等修成《旧唐书》，"褒贬以言，孔道是模"④。把儒家信条作为品评历史人物的准则，指斥武则

---

① ［后晋］刘昫等撰：《旧唐书》卷一百七十六《杨嗣复传》，中华书局，2011年，第4558页。

② 周绍良主编：《全唐文新编》卷七百九十五《孙氏西斋录》，吉林文史出版社，2000年，第9650页。

③ 碑今存四川广元皇泽寺则天殿。

④ ［后晋］刘昫等撰：《旧唐书》卷一百四十九《于休烈等传·赞》，中华书局，2011年，第4038页。

皇泽寺景区碑廊

天："夺攘神器，秽亵皇居。"① "韦武丧邦，毒侔蛇虺。"② "自武后移国三十余年，朝廷罕有正人，附丽无非险辈……朋比成风，廉耻都尽。"③ 可《旧唐书》还是为武则天立了本纪，备载她执政期间的事迹，最后以"史臣曰"做总的评述："观夫武氏称制之

---

① ［后晋］刘昫等撰：《旧唐书》卷六《则天皇后纪·赞》，中华书局，2011年，第133页。

② ［后晋］刘昫等撰：《旧唐书》卷五十二《后妃传下·赞》，中华书局，2011年，第2204页。

③ ［后晋］刘昫等撰：《旧唐书》卷九《玄宗纪下·史臣曰》，中华书局，2011年，第235页。

年，英才接轸，靡不痛心于家索，扼腕于朝危，竟不能报先帝之恩，卫吾君之子。俄至无辜被陷，引颈就诛，天地为笼，去将安所？悲夫！昔掩鼻之谗，古称其毒；人彘之酷，世以为冤。武后夺嫡之谋也，振喉绝襁褓之儿，菹醢碎椒涂之骨，其不道也甚矣，亦奸人妒妇之恒态也。然犹泛延谠议，时礼正人，初虽牝鸡司晨，终能复子明辟，飞语辩元忠之罪，善言慰仁杰之心，尊时宪而抑幸臣，听忠言而诛酷吏。有旨哉，有旨哉！"[1]还是恪守唐代有褒有贬的总评价。

# 四、宋元明清士人评论武则天

宋太祖赵匡胤对武则天有过这样的评论："则天，一女主耳，虽刑罚枉滥，而终不杀狄仁杰，所以能享国者，良由此也。"[2]对她仍不无肯定。但以后，随着专制主义中央集权的日益强化，尤其是崇儒思潮而宋明理学的纲常说教日益泛滥，世人对武则天的评价也就更坏。

宋仁宗嘉祐五年（1060）欧阳修等撰成的《新唐书》，旨

---

① ［后晋］刘昫等撰：《旧唐书》卷六《则天皇后纪·史臣曰》，中华书局，2011 年，第 133 页。

② ［宋］李焘：《续资治通鉴长编》卷七乾德四年五月条，中华书局，1995 年，第 172 页。

在"垂劝戒，示久远"，说"武后自高宗时挟天子威福，胁制四海"，又"逐嗣帝，改国号"[①]，有莫大之罪。以"武后之恶，不及于大戮，所谓幸免者也"[②]。但还是秉承宋祖的评论，承认她"赏罚己出，不假借群臣，僭于上而治于下，故能终天年，阽乱而不亡"[③]。欧阳修称《新唐书》为武则天列传又立本纪，是遵循《春秋》笔法，"不没其实，所以著其大恶而不隐"[④]。

范祖禹对两《唐书》为武则天立本纪的笔法很不以为然。他在宋哲宗元祐元年（1086）编成的《唐鉴》，"复系嗣圣之年，黜武氏之号，以为母后祸乱之戒，窃取《春秋》之义"[⑤]。嗣圣至神龙间二十一年只用中宗嗣圣年号，每年之下，均先书帝在房州或帝在东宫，次载武则天事。完全按沈既济的主张办，这一记法为后代所承。

---

①［宋］欧阳修等撰：《新唐书》卷七十六《则天武皇后传·史臣曰》，中华书局，2011年，第3496页。

②［宋］欧阳修等撰：《新唐书》卷四《则天顺圣武皇后纪·赞》，中华书局，2011年，第113页。

③［宋］欧阳修等撰：《新唐书》卷七十六《则天武皇后传·赞》，中华书局，2011年，第3496页。

④［宋］欧阳修等撰：《新唐书》卷四《则天顺圣武皇后纪·赞》，中华书局，2011年，第113页。

⑤［宋］范祖禹：《唐鉴》卷七《中宗·祖禹曰》，商务印书馆，1937年，第65页。

早《唐鉴》两年成书的《资治通鉴》，寓褒贬于叙事，搜罗武则天朝弊政材料，尤其于酷吏事叙述最详。但也偶有平心之论，如说："太后虽滥以禄位收天下人心，然不称职者，寻亦黜之，或加刑诛。挟刑赏之柄以驾御天下，政由己出，明察善断，故当时英贤亦竞为之用。"①

到了南宋，理学大师朱熹亲为《资治通鉴》作纲，由门人作目，成《通鉴纲目》一书，专在褒贬大义上做文章，对武则天横加挞伐。该书用《唐鉴》的办法系年纪事，将武则天附在《唐纪·中宗》之下，注曰："名曌，僭位二十一年，寿八十一岁。乘唐中衰，攘窃神器，任用酷吏，屠害宗支，毒流缙绅，其祸惨矣。"

胡致堂评说："武氏之祸，古所未有也……武后以太宗才人蛊惑嗣帝，一罪也；戕杀主母，二罪也；黜中宗而夺之位，三罪也；杀君之子三人，四罪也；自立为帝，五罪也；废高宗庙，六罪也；诛锄宗室，七罪也；秽德彰闻，八罪也；尊用酷吏，毒痛四海，九罪也。"但胡致堂还说："武氏虽肆行诛杀，而当时号为贤士则未有死者，惟所宠信邪恶之人，反多不免，至如狄仁杰、徐有功、朱敬则、宋璟之徒则保护尤力，其与庸君远

---

① ［宋］司马光：《资治通鉴》卷二百五长寿元年一月条，中华书局，1956年，第6478页。

矣。"　"太后不以内嬖之私屈外庭之议，肯自抑断以伸正直之气，其与汉文听申屠嘉困邓通何以异哉！使其生为男子而临天下，其雄才大略殆与孝武等矣。"

此外，绍兴二十七年（1157）才刊刻的《唐史论断》中，一百年前撰成此书的孙甫又提："武后僭窃位号，唐史臣修《实录》撰《国史》者皆为立纪……名体大乱，史法大失矣。"他先于范祖禹从沈既济议，书武后事于中宗纪中，"所以正帝统而黜僭号也"。还说武则天"僭窃天号，恣行凶虐，毒流内外，逾二十年……若终身无祸，何以作戒于后……为害岁久，安得无所贬也"①。为武则天最后被废称快。

淳熙中进士叶适谤高宗"烝妾为妻"，武则天称帝为"擅命事"，以"《新史》言：有功不以唐周贰其心。则尤陋也"，主张改为"当武氏篡盗，酷吏为之起狱杀不从命者，独有功能生之。夫人虽有必杀之心，而天无必杀之理，非有功能自生之也，天也"。②用唯心论评价徐有功，解释历史。

南宋也有洪迈与众说不同。他在宋孝宗淳熙七年（1180）成书的《容斋随笔》中，认为武则天无须"使其生为男子"便

---

① 曾枣庄，刘琳主编：《全宋文》第十三册，巴蜀书社，1990年，第228—229页。

② ［宋］叶适：《习学记言》卷四十一，载上海师范大学古籍整理研究所编：《全宋笔记》第九编十，大象出版社，2018年，第221页。

可比汉武帝："汉之武帝，唐之武后，不可谓不明。而巫蛊之祸、罗织之狱，天下涂炭，后妃公卿交臂就戮，后世闻二武之名，则憎恶之。"

明代杰出的思想家李贽对武则天有更高的评价，说："试观近古之王，有知人如武氏者乎？亦有专以爱养人才为心、安民为念如武氏者乎？此固不能逃于万世之公鉴矣。夫所贵乎明王者，不过以知人为难，爱养人才为急耳。今观娄、郝、姚、宋诸贤，并罗列于则天之朝，迨及开元，犹用之不尽。如梁公者，殊眷异礼，固没身不替也；宋璟刚正嫉邪，屡与二张为仇，武氏亦不过也。何也？贤人君子，固武氏之所深心爱惜而敬礼者也。"[1]李贽又说"武氏妒悍怙宠"，但"其敢于肆毒与罗织诛杀宗室大臣几尽者，不过欲以箝天下之口，而使之不敢违异也"[2]。他还指出："武氏之罪种种，不容诛矣，独秽德彰闻一罪，差为可原。"[3]将私德与政绩分开，在对武则天的评论中独树一帜。

同为明末人的张溥，却将"女宠"列为"唐室三大祸"之

①［明］李贽：《藏书》卷五十六《李勣》，载《李贽文集》第三卷，社会科学文献出版社，2000年，第1078—1079页。

②［明］李贽：《藏书》卷五十六《李勣》，载《李贽文集》第三卷，社会科学文献出版社，2000年，第1078—1079页。

③［明］李贽：《史纲评要·中宗皇帝附则天顺圣皇后》，载《李贽文集》第六卷，社会科学文献出版社，2000年，第323页。

首,说:"肃宗以前国家之忧在女宠。"视武氏当政为祸乱。但还承认"其行事间类中材以上"。

顾回澜论:"后以虺蜴之心,豺狼之性,一旦太阿在手,运动四海,呼吸霜露,女可杀,子可杀,兄可杀,皇后可断其手足,而何有于李氏哉!于是瓜摘黄台,肉视诸李,而李氏危若朝露。开告密门,撰《罗织经》,周兴、来、索之徒助恶于下,而一时无辜者皆泥耳笼头,枷研楔毂,折膺签爪,悬发薰耳,以求赊死。甚者改旗帜,易服色,立七庙,而文皇帝栉风沐雨之天下,倏转而为周……噫!武曌以女统男,当时公侯卿相,无不以男而事女。补阙车载,拾遗斗量,眊目之圣神,虐焰播苍穹,而房州之帝子,久不见天日矣。"极言武则天朝暗无天日,尤其为当时"以男而事女"耿耿于怀。

明末清初的王夫之,愤世嫉俗,将亡国恨迁怒于历史上的罪人,他对武则天的批判开了一代风气。他在清初撰成的《读通鉴论》,以武氏为"伪周",附于中宗之下,骂她是"嗜杀之淫妪",有"滔天之恶"。认为:"武氏之恶,浮于韦氏多矣!鬼神之所不容,臣民之所共怨,万世闻其腥闻,而无不思按剑以起。"[1]连她首创殿试取士,也说成是"夫武氏以妇人而窃天下,

---

[1] [明]王夫之:《读通鉴论》卷二十一《中宗》,中华书局,2015 年,第 1692 页。

唯恐士心之不戴己，而夺有司之权，鬻私惠于士，使感己而忘君父，固怀奸负慝者之固然也"①。在说到李敬业、张柬之时，他写道："夫以宗社之沦亡，而女主宣淫，奸邪窥伺，嗣君幽暗，刑杀横流，天下延颈企踵以望光复，此亦最易动之情矣。"② 显然是借论史讽今，别有寓意。但他还是承认："陈子昂、苏安恒、李邕、宋务光、苏良嗣之流，犹得抒悃昌言而无所诎；乃至守正不阿、效忠不贰如狄仁杰、宋璟、李日知、徐有功、李昭德，皆列上位而时伸其志。其宣力中外者，则刘仁轨、裴行俭、王方翼、吉顼、唐休璟、郭元振、姚元之、张仁愿悉无所掣曳以立功名；乃至杨元琰、张说、刘幽求诸人同事俱起，而被害者不相及。奸邪虽执大权，终不碍贤臣登进之路……天下犹席以安也。"③

王夫之之后，武则天受清人责骂更甚。有说："武氏匹妇而

---

① ［明］王夫之：《读通鉴论》卷二十一《中宗》，中华书局，2015 年，第 1682 页。

② ［明］王夫之：《读通鉴论》卷二十一《中宗》，中华书局，2015 年，第 1687—1688 页。

③ ［明］王夫之：《读通鉴论》卷二十一《中宗》，中华书局，2015 年，第 1704 页。

为天子，其与匹夫而为天子者有以异乎？"①还有人甚至认为武则天不但不应入《帝纪》，亦不应入《后妃传》，而应列入《篡逆传》②。

赵翼在《廿二史札记》中指责武则天残忍好杀，说："古来无道之君，好杀者有石虎、苻生、齐明帝、北齐文宣帝、金海陵炀王；其英主好杀者，有明太祖。然皆未有如唐武后之忍也！……真千古未有之忍人也哉！"③但是，赵翼只斥责了武则天的杀人，对其称帝并未多加批评，说"区区帷薄不修"，只属"末节"。为她辩称："人主富有四海，妃嫔动至千百，后既身为女主，而所宠幸不过数人，固亦无足深怪。"他更是赞扬武则天知人善任，"自有不可及者"，"至用人行政之大端，则独握其纲，至老不可挠撼"，"不可谓非女中英主也"！④对武则天颇说了些好话。

至于钱大昕、王鸣盛诸人，在其论史著作中对武则天称帝

---

①［清］翟蔼：《九畹史论》，《丛书集成初编》本，商务印书馆，1937年，第8页。

②［清］李塨：《阅史郯视》卷二，《丛书集成初编》本，商务印书馆，1937年，第21页。

③［清］赵翼著，王树民校证：《廿二史札记校证》卷十九《武后之忍》，中华书局，1984年，第411—414页。

④［清］赵翼著，王树民校证：《廿二史札记校证》卷十九《武后纳谏知人》，第414—416页。

均加谴责。清人所编《纲鉴合编》《通鉴御批辑览》之类的史书，无不充斥着攻击、谩骂武则天的言辞。倒是有一位王闿运在《湘绮楼日记》中这样说："高宗溺情哲妇，然治绩可观，盖亦内助之力。武氏以妇人而赋雄才，非易唐为周不足申其气，其害止于缙绅及浮薄子弟称兵者耳。《唐书》遽以起兵与徐敬业、琅邪王冲、越王贞，未可为允。"①

清人著的《志远斋史话》和《石溪史话》等书外，还有一位章邦元对武则天相当肯定。他在《读通鉴纲目札记》的《武氏以妇人革命，天下晏然，吕、贾、胡、韦，胥不能及》一节里说："女娲为女皇之说，荒邈难稽，自书契以来无以女子而真为天子者，南面而称尊有之，其惟唐之武氏乎。武氏巧慧多权数，处心积虑渐窃政柄以成乎篡，真女中之操莽也。威加四裔，克灭高丽，出击生羌，因袭吐蕃，北讨突厥，刻石纪功，是无异于秦皇汉武之所为。武氏之雄略未可原非也。改用周正，改造天地等十二字，策贡士于洛城，殿贡士殿试，作明堂，不采诸儒之议，行母丧三年，遂永为制，其敢于改创制作之勇一也。……然武氏知人善任，明察善断，故天下英才乐为之用，此其所以称帝二十年而天下晏然也。且开元之治贤相姚崇、宋

① 王闿运：《湘绮楼日记》同治八年，岳麓书社，1997年，第64页。

璟，皆曾用于武氏之世，则谓武氏能敷求哲人以遗后嗣，亦无不可也。"

与宋代以降封建文人对武则天无以复加的攻击咒骂截然不同，民间百姓另有一种怀念。俗称姑婆陵的乾陵前无字碑上留有一首明代无名诗人题诗："乾陵松柏遭兵燹，满野牛羊青草齐。惟有乾人怀旧德，年年麦饭祀昭仪。"历代兵荒战乱，乾陵文物凋零，满目断壁残垣，陵山已成了百姓放牧牛羊的草场。但每年麦收之后，当地人们都要去祭祀武昭仪，借以怀念她的功德。在四川广元武则天童年生长的地方，同样有以姑婆或则天命名的地名，每年正月廿三"武则天会期"，妇女们驾船游河湾举行纪念。这和封建脑袋的群儒们的态度是何等鲜明的对照！

总的说来，古人对武则天的毁誉褒贬大多是从正统道德观念出发，有许多甚至仅以她是女性的角度论是非。由于传统史学眼光的局限，很少从包括社会经济发展在内的各项政绩上全面做评述，甚至这方面留下的资料都很少，因此使人无法清晰地勾画出从初唐到盛唐转变的那个历史时期的全貌，人们也就难以对这个从贞观到开元的过渡性历史人物有确切的评价。

直到20世纪经过一代马克思主义历史学家们的努力——他们多数对武则天持基本肯定的态度——人们对武则天的认识才有长足的进步。当然这方面的研究工作还刚刚开始，要科学地解释这样一位女性在中国古代政治舞台上活跃半个多世纪的复杂历史，尚有许多难点，有待于更多的探讨研究。我愿史家们放弃到自己的研究为止便穷尽了真理的奢望，让武则天这个无论让你喜欢还是让你嫌恶的女性，永葆她自有的历史魅力，她的吸引力和生命力。

# 附　录

# 正说武则天

大家好！真的很高兴有机会来和大家交流，希望也是对自己的一个检验。今天来讲武则天，我从 1962 年在北大历史系四年级的时候，从中国古代史专业分到隋唐史，已经整整五十年了。1964 年写出第一篇关于武则天的文章，即大学毕业论文，也有四十八年了。我这一生从幼儿园、小学起，都是在名校学习的，大学和研究生在北大九年，又曾回去编教材，现在还有合作项目在做，可以说我占据、使用了大量最好的教育资源，耗费了老百姓很多小米，做得怎么样，能不能交卷，今天也是个检验吧。大家有什么问题都可以问，你们当一回考官。

今天给我的题目是《武则天》，据说现在有六部关于武则天的电视剧在同时上演。武则天的题目前面加了"正说"，想必是近年影视上戏说的多了，要来点正说。作为娱乐片，搞点戏说，未尝不可，但是戏说泛滥，明显的副作用是戏弄了历史，把民众的历史观搅乱了，对没有分辨能力的孩子，危害更大，这些不严肃的甚至胡编乱造的东西先入为主的影响，将来一生也难消除。可是有的那样做的导演，还以为自己才真懂历史，这就更要命了。

本来我们是个有珍视历史、敬畏历史优良传统的民族，这个传统正在让这些追逐票房价值的戏说的东西毁着。今天给我的题目是现在流行的另一种题材——"正说"，是让戏说逼出来的吧。大家这样做，不敢说就可以"正视听"，总是为恢复历史学科的严肃性做的一种努力吧。

顺便说一句，现在从事历史职业的人，竟也有以《历史是什么玩意儿》为题写书的，一听这书名，我的感觉是像吃了苍蝇一样。尽管书的内容不一定都荒唐，但是书名荒唐，没有对祖国过去历史的一点敬畏之心，配做历史吗？这样做的人，还被誉为"史上最牛历史老师"，我们这学科怎么了？还有希望吗？我很担心这书名是做市场的人出的馊主意，以为这可以是个卖点，那位历史老师要警惕了，别把自己的良知和学科的尊严一起出卖了。

历史学科要实现自己的价值，首先要恢复自己学科的尊严，要正说历史，要讲真话。我们学科的尊严，在"四人帮"时代受到伤害，我听到过这样的质问：你们搞历史的，是不是想怎么说就怎么说？那时我所在城市的宣传部部长，头一天做评法批儒的报告时说，曹操是法家，刘备、孙权是儒家。第二天再做报告时，改成三家都是儒家，两次都讲得头头是道。于是有人就提出了上面那一个问题：是不是想怎么说就怎么说？他回答，上面又来文件了，他得跟着上面的精神走。上面是"四人帮"，他也没办法。职责所在，他怎么说我们管不着，可是我们做历史的，要是也那样此一时彼一时，学科还有信誉吗？还有尊严吗？还有社会价值吗？

只有当历史学家真正无愧是代表社会良知的知识分子时，承担起人类社会具有积极人文精神的文化遗存的看护者、守夜人的责任时，我们这门学科才有可能具有上述功能，实现如傅斯年先生说的"历史的任务是判断过去，并且为了将来的世代利益而教导现在"。

关于历史学的功能，我有这样一个概括：历史是维护或找回社会正义的最后一道防线。史学是社会灾难的减震学。历史增进知识，考验智慧，涵养人文精神，增长撩拨历史迷雾的能力。

一个国家民族的凝聚力，归根结底在于她独特的文化，其中尤其重要的一方面，是对自己历史的认同，借此涵养出共同的文化心理素质。因此，科学地总结传统文化，将国民的凝聚力汇集在进步向上的共识上，成为我们历史教学和每一个历史学者的神圣职责。能不能自觉地恪守这样的责任感和使命感，这是史德问题。

上面是就"正说""戏说"发一点感慨。下面回到主题上。不知道大家今天来，抱的希望是了解武则天，还是理解武则天。了解历史和理解历史，是感性知识和理性知识的两个层次。因为对武则天，通过小说和影视，大家都知道不少了，更需要的可能是弄清楚事情的真相究竟是怎样的，哪些是真的，哪些是假的，除了弄清事实真相之外，还有一个怎么去理解和评价这个人物的问题。

大家知道，武则天是隋炀帝之外，历史评价最有争议的人物之一，两人都是郭沫若写翻案文章的计划中的人物，而写武则天的书，现在有大几十种，比写隋炀帝的多多了。

"文革"结束后不久，当时中国社科院历史所的所长熊德基先生写了一本武则天的书，从头到尾批她的"宫廷奸党"，没说武则天一句好话，老先生是把武则天当当代女皇批，充满义愤。今天这样看武则天的很少了，反而有把武则天看成非常完美，事事处处替她辩护的，所以分歧还是不免的。

首先是关于武则天本人的历史还有许多争议，要着力澄清这些问题，比如：

（一）怎么看武则天的出身门第？是士族高门还是寒门新贵？《攀龙台记》和《元和姓纂》《新唐书·宰相世系表》

等所述其高祖武居常以上至七世祖武洽都任高官，有封爵晋阳公或寿阳公，这些是否可信？家世究竟给了武则天什么样的影响？

（二）唐太宗召武则天入宫，封才人，那十二年武则天境遇如何？她很得宠还是受冷遇了？唐太宗为她提供传习政治的机会了吗？

（三）武则天二次入宫后，内外廷是否有一个反对派关陇集团与她作梗？废王立武事件具有寒族地主反对士族地主的社会意义吗？

（四）王皇后、萧淑妃之死的真相如何？人彘说是引用汉吕后杀戚夫人故事杜撰的，还是真有其事？唐高宗皇帝如何能够容忍此类事件发生？

（五）唐高宗与武则天在政治上是一种什么关系？二圣时期的高宗皇帝是尸位于上的傀儡吗？

（六）武则天扼杀女婴是否历史事实？李弘、李贤之死的真相如何？李贤生母是谁？

（七）裴炎与扬州事件有无干系？

（八）对武则天的男宠问题该怎么看？说她淫乱一塌糊涂，有无渲染夸张和传统观念歧见？

（九）狄仁杰、姚崇、宋璟、朱敬则、陈子昂等比较有头脑有作为的官僚，和武则天是什么关系？武则天的统治是否得到了众多正派官吏的真诚支持？

（十）无字碑无字之谜，是武则天自己不让写字还是唐中宗不愿写或不好写而空白的？

除以上这许许多多具体问题，武则天研究中一些更重要的问题有待解决：

其一，对武周乃至整个武则天治国政绩的评价，尤其是在经济方面和边疆民族政策方面的评价。为什么"逃户过半"而没有引起成规模的农民武装反抗？民族问题和边疆问题是处理好了，还是搞乱了？社会在武则天时代发生了什么变化？

其二，是怎样的一个社会背景和主观条件、机遇造就了这位中国历史上唯一的女皇？

其三，是武则天对妇女史、女权运动史的影响，她在中古世界史上的女主中，占有怎样的地位？

我想各位应该注意了解的是武则天出现的历史背景，两个特点，一个是武则天所处的政治女性活跃的时代，再一个是武则天所处的从门阀时代向后门阀转折的时代。这两点，也就是时代给身为女性的武则天提供了怎样的机遇，历史潮流又给她提出了怎样的使命。

　　这样再分析她的政治活动，可以看清她是怎样脱颖而出的，她那时国家治理得怎么样。

# 一、武则天所处的时代政治女性活跃

　　中国政治文化，素有讲究男尊女卑的传统，在两千多年的皇帝时代，著名政治女性屈指可数，大家耳熟能详的恐怕只有吕后、武则天、慈禧太后等三位。唯有武则天时代有些不同，那是一个政治女性辈出的时代，她们和武则天都能拉上或近或远的亲戚关系。

　　这里可以列出北周天元皇后杨丽华，隋文帝文献皇后独孤氏等五位。这么多有巨大政治能量的女性，集中出现在这么短的百余年间的历史舞台上，对隋唐两个王朝的历史产生了重大影响，在中国历史上是空前绝后的。武则天是她们的代表，从她们身上可以看到，武则天在那时出现，不是偶然的，那时男尊女卑的传统受到挑战，在北朝以来少数民族风俗的影响下，中国历史出现了唯一一个政治女性张扬的时代。

　　第一位杨丽华。杨坚的长女，嫁为北周武帝长子宇文赟（周宣帝）正妻，称天元大皇后。她是武则天公公（唐太宗）父亲（唐高祖）姨夫（隋文帝）的女儿，如果按武则天曾是唐太

宗才人的身份说，杨丽华是她公爹唐高祖的姨表兄妹，武则天
该叫她表姨，从唐高宗论，该叫表姨姥姥。

578 年和 580 年的两三年间，周武帝、周宣帝相继去世，
她的身份由皇太子妃而为皇后，又为皇太后。虽然丈夫不是个
东西，继任的嫡子周静帝也并非自己所生，但身为北周皇太后
的她，在她父亲图谋篡夺北周皇权的时候，持完全维护周室的
立场，对父亲篡位夺权改朝换代的行径，恨恨不已，留下隋朝
开国史上的第一个故事。

当年杨坚为女儿择婿皇家，可算是门当户对。杨坚祖父杨
忠是宇文泰初创府兵时的十二大将军之一，是和北周皇室同出
武川镇的关陇军事贵族集团高门。杨坚借此攀为皇亲，后来依
此外戚身份，欺负周静帝只是个七八岁的孩子，谋夺大位。

杨坚与周室，既有很深关系，又有很深矛盾。杨坚的岳父
独孤信被周室逼迫自杀，妻子独孤氏一心要为父亲报仇。杨坚
"为人龙颜"，风骨不凡，不断有人告他貌有反相，劝周武帝及
早除掉。内心恐惧的杨坚，学当年刘备的韬晦计避祸。周宣帝
时，杨家人在恐怖中挨日。女儿杨皇后曾被赐死，逼令自裁，
母亲独孤氏慌忙上殿请罪，叩头流血，好歹救下女儿性命。事
后，周宣帝还狠狠地警告杨皇后："必族灭尔家！"[1] 有一次宣帝

---

① ［唐］李延寿：《北史》卷十一《隋本纪上》，中华书局，1974 年，
第 400 页。

生疑心，召杨坚来，事先交代左右，若杨坚神色不对，立即杀之。杨坚对质时总算沉住了气，逃过一劫。

正当杨坚谋外任，准备避出京城时，狂暴荒淫的周宣帝突然中风失言，年仅二十二岁就一命呜呼。这时是580年的五月。朝臣中郑译、刘昉一伙伪造诏书，由杨坚总知中外兵马事，先夺兵权，再谋取辅佐八岁小皇帝的执政大权。开始时，杨坚还有点犹豫。刘昉逼他：“你要是不来，我自己干了！”杨坚夜召庾季才，还想占卜问问天意。庾季才说：“我纵使讲不行，你能够再行箕、颍之事吗？据说尧曾打算把天下让给一个名叫许由的贤人，许由得知后逃进箕山，还在颍水把耳朵洗了又洗。”杨坚想想也是。独孤夫人更劝丈夫：“事情到了这一步，已经骑虎难下，只有干下去了！”将门虎女出身的这位夫人，帮杨坚横下一条心。

七月的一天，杨坚靠元胄拼死掩护，从给他摆了鸿门宴的赵王府脱身后，当年将以赵王为首的五位亲王全部诛杀，消灭了北周宗室的核心力量。忠于北周的官僚在今河南、湖北、四川的声势不小的三方起兵，当年就都被平定。翌年（581）二月，杨坚以接受禅让为名，改周为隋，做了新王朝的开国的隋文帝。史家赵翼有评论“古来得天下之易，未有如隋文帝者”。

此刻，举国上下几乎是无声无息地接受了这个事实。敢于公开向杨坚表示不满的，第一个，竟是他的女儿杨丽华。这位

隋文帝像（明人绘）

前朝皇太后，起先为父亲辅政，大权不至于落到外人手里，"心甚悦"，感到高兴；后来发觉父亲有异图，"意颇不平"，很反感；最后父亲受禅夺了她婆家的天下，她"愤惋愈甚"，气得不得了。虽然天下是归了娘家，但嫁出去的姑娘感情立场完全倒向婆家。当爸爸的倒能理解，"隋文内甚愧之"[1]，到底是做了对不起亲家的事，也让女儿的皇太后身份没了名堂，很有点不好意思。

隋朝建立后，在前朝曾任天元大皇后、皇太后的杨丽华，被父皇改封为乐平公主。让她再嫁，但她发誓不肯而罢。此后的她留下唯一一个故事，是教她女婿讨封赏：给什么都别谢恩，只要柱国。柱国是第二等的高级勋官，正二品，这时还挟有以往八大柱国为首的军事贵族高门的荣耀。隋文帝感叹道："公主把天下都给了我，还能吝惜一柱国吗！"

她活到 609 年。二弟隋炀帝怜悯这个寡姐太寂寞了，西巡

---

① ［唐］李延寿：《北史》卷十四《后妃下·宣皇后杨氏》，中华书局，1974 年，第 529 页。

时带上了她。但她没能走完漫长的戈壁路，死在河西。隋炀帝命人将她的遗体运回关中，祔葬于周宣帝定陵。也许有朝一日陵墓打开时，我们会知道关于她的更多的故事。

第二位独孤氏。隋文帝文献皇后独孤氏，是上面那位杨丽华的生母，武则天的姨婆婆或太姨婆。她的了不起在她把夫君隋文帝打造成中国历史上第一个妻管严皇帝，再有一点更重要的是她为把隋炀帝推上皇帝宝座出了大力。后面这件事的是是非非，一直有很大争议，怎么看隋炀帝不是今天要讲的内容，2011年北大出版社给我出的另一本书《隋炀帝的真相》，我对他持有所肯定的评价，在前言里我说了这么一段话："秦始皇做过的事，他多半也做了，但是他没有焚书坑儒；我们还可以说，隋炀帝做过的事，唐太宗多半也做了，但是唐太宗没有开运河。"

如果对隋炀帝可以有所肯定的话，那么独孤氏就是做了一件好事。

这位文献皇后（544或553—602）出身名门，父亲独孤信是西魏最高军事贵族"八柱国"之一，他的三个女儿贵为三个王朝的皇后：长女嫁为周明敬后，第四女为唐元贞后（唐高祖李渊生母，追尊为皇后），第七女即这位隋文献后。独孤信因而创下了"中国第一老丈人"的纪录。

七姑娘早年脾气并不坏，十四岁出嫁初为人妇时，"柔顺恭孝，不失妇道"①。当了皇后国母，仍不贪财。与突厥互市的边贸集市上有一篚价值八百万的明珠，幽州总管阴寿报告皇后想给她买下来。独孤后说："我用不着，不如拿这八百万分赏有功的将士。"她一直保持俭朴的生活作风，有名的故事如合药要用的胡粉是化妆品，从她宫里竟找不出一两来。再如"六宫咸服浣濯之衣"②，当时最讲究的服饰是加手绘的，费人工，不能洗，独孤皇后的后宫不穿这样的衣服，只穿能濯洗的衣裳。影响当时男子都穿绢布衣，不穿绫绮，带饰材料只用铜铁骨角，不用金玉。开皇之治能"仓库盈溢"，与此有关。

但是独孤氏在皇后位上日久，柔顺的脾气变得乖戾。娘家天下第一的威势给她种下傲视一切的基因，皇帝顾及独孤家的老面子，也要让她几分。在两性关系上，她把夫君看管得极严。按说，为了皇家龙种流传，枝繁叶茂，皇帝拥有三宫六院成群妻妾，皇后是得接受的，可独孤后不。初嫁时夫妻俩有一约定，"誓无异生之子"③，她要求皇帝恪守。后宫都知皇后妒忌

---

① ［唐］魏徵等撰：《隋书》卷三十六《后妃·文献独孤皇后》，中华书局，1973 年，第 1108 页。

② ［唐］魏徵等撰：《隋书》卷二十四《食货志》，中华书局，1973 年，第 682 页。

③ ［唐］李延寿：《北史》卷十四《后妃下·隋文献皇后独孤氏》，中华书局，1974 年，第 532 页。

心极重，谁都不敢靠近皇上。唯有一个尉迟迥的孙女，是作为罪犯家属没入宫中的，有美色，在仁寿宫中执役。隋文帝见到动了心，女孩顺从了，大概是想借此改变身份吧，不想惹上杀身之祸。怒不可遏的妒后趁皇帝听朝之机，悄悄把尉迟氏处死。皇帝回来见人没了，大怒，可还是不敢朝皇后发火，独自骑马出宫苑，在山谷里疯跑二十多里。丢掉的皇帝被气喘吁吁追来的高颎、杨素找到，一阵劝说后，失魂落魄的皇帝长叹："吾贵为天子，而不得自由！"① 半夜，气消了的皇帝回宫，与得罪不起的皇后又坐到一个酒宴上。可怜的是那个既屈服于皇帝淫欲，又屈死于皇后淫威的尉迟氏，再也没人理会了。

高颎在野山深谷中扣马规劝时说的一句话，"陛下岂以一妇人而轻天下"②。不知怎么传到独孤皇后耳朵里。本来这"一妇人"指的更像是尉迟氏，妒迷心窍的皇后偏偏认为高颎说的是自己。在皇后位上坐了快二十年的她，哪能容忍别人轻亵地用"一妇人"来称自己，于是耿耿于怀，不顾世家通好的旧谊，终于抓住爱妾生子等小事狠吹枕边风，扳倒了高颎这支开皇政坛的擎天柱。一个女人的嫉妒心，能在历史上坏多大的事，独孤

---

① ［唐］李延寿：《北史》卷十四《后妃下·隋文献皇后独孤氏》，中华书局，1974年，第533页。

② ［唐］李延寿：《北史》卷十四《后妃下·隋文献皇后独孤氏》，中华书局，1974年，第533页。

皇后算一个典型例子。

仁寿二年（602）五十岁的独孤皇后去世，得到"自由"的隋文帝沉溺于后宫，对陈氏、蔡氏两位夫人百般宠爱，放荡了一把。可不到两年就发病，临终时老实留下一句话："使皇后在，吾不及此。"[①]又想起妒后的好处。

俭朴作风的影响和扳倒高颎，算这位政治女性做的两件事情，最终该如何评价她，大家可以评论。

第三位窦皇后。唐高祖的窦皇后，死于唐朝开国前，皇后名义是追封的。她有个女儿平阳公主，带一支娘子军参与唐朝开国征战，这里简单一说。

窦氏（约569—约613）是唐高祖李渊的原配夫人、唐太宗李世民的生母，后来被追尊为太穆皇后。她是武则天的婆婆或者太婆婆。

窦家是扶风平陵人，在今陕西咸阳西北，隋代改称始平，治所南迁今兴平。其先祖是匈奴族部落首领，北魏时南迁代，今山西大同北。六镇起兵后至定州。辗转随孝武帝入关，改籍关中，是典型的关陇军事贵族的经历。生父窦毅在沙苑之战中有功，官至大将军、大司马，娶宇文泰第五女襄阳公主，窦姑

---

① ［唐］魏徵等撰：《隋书》卷三十六《后妃·文献独孤皇后》，中华书局，1973年，第1109页。

娘是他们的次女，所以，周武帝是窦姑娘的亲舅舅。周武帝特别宠爱这个外甥女，从小带在身边，让她在宫中长大。

周武帝的皇后阿史那氏是突厥木杆可汗之女，窦毅等为迎亲使，费三年周折娶回来的。当时突厥有雄兵数十万，虎踞北面。在其南做生死战的北周、北齐，争以厚赂结援突厥。木杆可汗之弟他钵可汗得意地说："但使我在南两个儿孝顺，何忧无物邪？"[①]阿史那皇后虽有姿貌，但无宠，分明是一场政治联姻，周武帝并不喜欢突厥皇后。窦姑娘悄悄劝舅舅，"抑情抚慰"，因为四边未靖，突厥尚强，要"以苍生为念"。[②]她竟有了一种借助突厥之力对付江南的陈和关东的北齐的战略眼光，还懂得皇帝的私情要服从政治大局，我们真不应该小看最多不过七八岁的女孩子。看样子周武帝是听取了小外甥女的意见，维持和阿史那皇后的关系。

581年隋国公杨坚篡周，夺了宇文氏的天下。年约十二岁的窦姑娘闻讯痛苦地哭倒在床，流着泪说："恨我不为男，以

① ［唐］李延寿：《北史》卷九十九《突厥传》，中华书局，1974年，第3290页。

② ［后晋］刘昫等撰：《旧唐书》卷五十一《高祖太穆皇后窦氏传》，中华书局，2011年，第2163页。

救舅氏之难。"[1]吓得爹妈赶紧捂住她的嘴，说："别乱讲，要灭族的！"

窦姑娘矢志亡隋。出嫁时，决意要选一个武艺高强的夫婿。窦家在门屏上画了两只孔雀，凡来求婚的公子，每人射两箭，约定姑娘只许配给能射中孔雀眼睛者。孔雀眼睛很小，前后数十位贵公子都失败了。风华正茂的李渊翩翩而来，射两箭各中一目，他成了窦家的乘龙快婿。

嫁为人妇的窦氏，没少给丈夫灌输反隋意识。有一则故事说，李渊脸上多皱纹，隋炀帝奚落自己的这位姨表兄长是"阿婆面"。李渊整天愁容满面，对窦氏说："自己这副阿婆面相，子孙不免受冻挨饿。"窦氏却兴高采烈地说："这是家中喜事。阿婆是堂主，你封于唐，'堂'就是'唐'。"窦氏称夫君将为唐主，故作吉兆的解释，鼓舞了李渊和全家人。

窦氏为李渊生了四个儿子。第三子李元霸早死，后来被小说家演绎成隋唐第一条好汉。次子李世民，就是后来鼎鼎大名的唐太宗。618年，李渊父子俩携手掀翻隋王朝，实现了当年窦姑娘的夙愿。不过窦氏没等到这一天，五年前，她死于涿郡（今北京西南），享年四十五岁。可就是那时，就在那里，李渊

----

[1]［后晋］刘昫等撰：《旧唐书》卷五十一《高祖太穆皇后窦氏传》，中华书局，2011 年，第 2163 页。

一边为她料理丧事，一边和后来续弦的妻子的兄弟——小舅子宇文士及夜谈，最早密商了使窦氏死不瞑目的反隋之事。

五年后，李渊、李世民成功了。新王朝追尊窦氏为太穆皇后，作为国母，享受了李唐子孙近三百年的香火供奉。

第四位平阳公主，晋阳起兵后，以带一支娘子军出名，死时以军礼下葬。从唐高宗论，武则天该叫她姑姑；从唐太宗论，她就是武则天的小姑子了。

第五位说说唐太宗文德皇后。

按说她未多干预政事，不好算政治女性，但在唐代政治中也有贡献。她是难得的皇帝的贤内助。

唐太宗的长孙皇后出自代北鲜卑贵族，高祖长孙稚是魏上党文宣王，南迁后改籍，称河南洛阳人或京兆长安人。祖辈皆有武功，生父长孙晟曾为突厥可汗表演一箭双雕的箭术，是处置突厥事宜的出色外交家。长孙皇后出生在这汉化的鲜卑、典型的关陇军事贵族世家，十三岁时嫁为李世民妻。

长孙皇后是中国历史上有名的贤后，是因为她不干政，不奢华，不嫉妒，对唐太宗还时有劝谏，赢得唐太宗和世人的尊重。

长孙皇后生性聪颖，知书达理，常和唐太宗一起读书议论古事，但如官员升擢贬降赏罚等具体政事，太宗征求她的意见，她便恪守"牝鸡之晨，惟家之索"<sup>①</sup>的古训，表示"妾以妇人，岂敢豫闻政事"<sup>②</sup>。她怕滋长裙带之风，一再说要以汉之吕、霍为戒，别让她的兄弟子侄布列朝廷，坚持要她的长兄长孙无忌辞掉了相职。不贪恋权力这一点，便使她在古代百千后妃中显得出类拔萃。

俭朴是她又一大优点。自己和东宫太子的衣物，够用就行，不许多置。亲生的长乐公主出嫁，唐太宗让准备比她姑姑永嘉长公主多一倍的嫁妆。魏徵认为不可，说："天子的姐妹为长公主，女儿为公主，既加'长'字，就是有所尊崇。于情或者可有浅深，于礼是不能逾越的。"唐太宗接受了。回到后宫，把这事和皇后一说，皇后感叹道："以前说陛下器重魏徵，我不大知道原因，今天听他这番谏言，真是能以义制主之情，可以称得上是正直的社稷之臣了。我同陛下结发为夫妇，承蒙以礼相待，情意深重，说话还要看脸色，尚且不敢轻犯威严，何况他是臣下，情疏礼隔。所以韩非论说难，东方称不易，真是有道理。忠言逆耳而利于行，治国理家的人，照此办理就安宁，拒绝这样做就政乱，希望陛下注意这点，就是天下人的福分了。"长孙

---

① 引文见《尚书·牧誓》，此语意为"母鸡打鸣，家就要完了"。

② ［后晋］刘昫等撰：《旧唐书》卷五十一《太宗文德皇后长孙氏传》，中华书局，2011年，第2165页。

皇后取出四十万钱，四百匹绢，重赏魏徵的这次直谏。

隋唐之际，贵妇人多悍妒，尽管在今天看来，可视为她们的维权行动，古人并不这么看。当年隋文帝独孤皇后因被说了句"一妇人"而勃然大怒，长孙皇后却以"一妇人"自称。她晚年病重时，太子承乾要奏请皇帝赦免罪犯和度人入道求福。长孙皇后制止说："死生有命，如修福可延命，我从不作恶；若行善无效，还需怎么样求福。赦免是国之大事，佛道又是上所不为，岂以吾一妇人而乱天下法？"①坚持不许办。

实际上，要求皇后在后宫扮演的角色，是很为难她的。后宫是一个有成千上万女性的女儿国，为在唯一一个男性皇帝面前争宠，历代不乏互相嫉妒乃至倾轧的恶斗。唐太宗多近女色，广占淑媛，为他生下十四个儿子、二十一个女儿的妻妾总共不下二十个，还有徐惠妃、武才人等不知多少没有生育的妃嫔宫人。四弟元吉被杀后，他纳弟媳杨氏入后宫，生子曹王李明。还有一位美人，原已嫁人，庐江王李瑗杀了她的丈夫，霸占她为姬。庐江王卷入建成一党，被王君廓杀后，家口赐给王君廓，唐太宗单把这美人要来，充当自己近侍。这些事当时便受到王珪批评，后来更被宋儒议论，唐太宗因好色而遭乱伦之诮。可

---

① ［后晋］刘昫等撰：《旧唐书》卷五十一《太宗文德皇后长孙氏传》，中华书局，2011 年，第 2166 页。

是不但不见长孙皇后计较这些事，628 年，她听说郑仁基有一个十六七岁的女儿，"容色绝姝，当时莫及"[1]，还亲自访求，要为夫君再收嫔御。她还得善待这些妃嫔，豫章公主生母早丧，长孙皇后收养了她，慈爱胜过对待亲生女。妃嫔们有了病，长孙皇后亲自去探望，送去自己的药膳。这些做法和行妒杀人的隋文帝独孤皇后完全不同。

有一天，唐太宗无端迁怒于一宫人，长孙皇后也装作生气，提出自己来处理，先命人将宫人关起来。待事后唐太宗息怒了，长孙皇后再替她申理解脱，于是宫中无滥刑。

有这样的皇后做主，后宫治理得井井有条，皇后受到大家的爱戴。只是我们不知道，为了这贤惠的名声，长孙皇后除了活得很谨慎，很累，她心里是不是也活得很苦。

文德皇后以贤内助的身份来帮助唐太宗，她一般不干政，但关键时候她也有行动，一是在李世民为秦王时与太子建成、齐王元吉拼斗时，为夫君在宫内活动；二是唐太宗怒露有杀魏徵之心时，用朝贺得直臣的办法救援魏徵。

在能出这样一群政治女性的时代，出一个更出类拔萃的武则天就不奇怪了。

---

[1]［唐］吴兢：《贞观政要》卷二《纳谏第五》，上海古籍出版社，1978 年，第 64 页。

# 二、武则天所处的时代从门阀时代 向后门阀时代转折

这牵扯到中国社会历史的分期问题，了解这一点，才能看清武则天所处的时代和她所起的历史作用。

以前通用的五种形态的历史分期法，说是放之四海皆准的，但是好像谁也不能举出一个实践了这五种形态的国家。人类社会发展到底是怎样的一个规律，有没有一个共同的规律，还是一个问题。我想应该是充满了具有各国不同特色的发展道路，最后殊途同归，到一个最适合人性发展的带给所有人幸福的理想社会，无论叫它大同社会也好，还是共产主义社会也好，会成为全人类的共同追求。

中国古代历史走过的和将要走的道路，我也概括为五段：原始文明时代、前皇帝时代、皇帝时代、后皇帝时代、现代民主时代。核心的是两千多年的皇帝时代。

处于中国专制主义中央集权社会前期的秦汉至隋唐间一千多年历史之大势，其间可区分为秦与西汉、东汉至南北朝前期、南北朝中期至初唐、盛唐至中晚唐等四个阶段。政治史的内涵是士族门阀政治自酝酿、发展成熟、极盛而衰到终结转型，在随后的五代、宋完成了向后门阀社会科举官僚政治的转变，专制主义中央集权社会进入后期。

陈寅恪先生十分看重永徽六年（655）废王皇后、萧淑妃以后，立武后诏的发布，认为是"在吾国中古史上为一转捩点，盖西魏宇文泰所创立之系统至此而改易，宇文氏当日之狭隘局面已不适应唐代大帝国之情势，太宗以不世出之英杰，犹不免牵制于传统之范围，而有所拘忌，武曌则以关陇集团外之山东寒族，一旦攫取政权，久居洛阳，转移全国重心于山东，重进士词科之选举，拔取人材，遂破坏南北朝之贵族阶级，运输东南之财赋，以充实国防之力量诸端，皆吾国社会经济史上重大之措施，而开启后数百年以至千年后之世局者也"[1]。张泽咸先生认为主张唐宋之际发生巨大变化具有划时代意义的唐宋变革论"不如唐中叶变革说有力"[2]。我们暂把长孙无忌集团被摧垮，关陇集团统治终结的显庆四年（659）作为阶段划分的标志。

唐高宗显庆四年，经盛唐、中唐、晚唐至唐亡（907）的两个半世纪，是士族门阀经济、政治失势以后，处于向科举官僚政治过渡的后门阀社会阶段，也是中国中古时代内部的转型期。

这一阶段的前一个世纪，整个社会有一种从门阀旧制度下

---

[1] 陈寅恪：《记唐代之李武韦杨婚姻集团》，《历史研究》1954年第1期，第41页。

[2] 张泽咸：《"唐宋变革论"若干问题的质疑》，《中国唐史学会论文集》，三秦出版社，1989年，第23页。

解放出来的轻松感和自信心，携带着空前的活力，创造出开元天宝盛世。为夺取皇后位而与王皇后——长孙无忌集团做殊死搏斗的武则天，在李勣的扶助下，成功地充当了门阀制度挽歌手的角色。为武则天洗雪"地实寒微"之耻辱的《姓氏录》，后族以下悉以仕唐高下为准，有力地清除着衰世旧门的社会影响。而真正埋葬了旧门阀制度的，是业已成熟的个体农户的劳动生产力。唐朝前期长期存在的大量自耕农，包括为数甚巨的从唐太宗后期涌现的逃户——其中很大一部分是真正意义上的自耕农——以先进的曲辕犁为代表的小农家庭经济，创造的每个农业劳动力平均年产粮两千四百斤的农业劳动生产率，和人均占有七百斤粮食的基本可以温饱的生活水准，使部曲佃客对依附门阀地主的陈旧生产关系，和入籍农民对国家征收田租调绢及沉重的兵徭役的超经济强制，都不能再忍受，为摆脱此而大量涌现的逃户表示了他们的反抗和追求。武周末年和唐玄宗初年的括户政策不能不承认所在逃户就地安置的生存权，其意义在推动生产力横向扩展和生产关系由田令制向两税法的巨变。[1] 全国耕地可能达到了总数七亿亩、人均十亩的规模。官制、兵制

---

[1]　参拙文《均田——逃户/括户—两税——以逃户问题为中心评价武则天时期的经济政策》，载《胡戟文存·隋唐历史卷》，中国社会科学出版社，2000年。

犁耕的农夫。唐代经济繁荣，农业生产有很大的发展

也都出现了相应的变化，职能不同的各种使职差遣在武则天以后增多[1]，募兵也在开元年间取代了府兵的征发。其间还穿插既不同于前期的府兵制，也不同于后期的募兵制的兵募制，体现兵制处于过渡状态。[2]北魏中期延续到初唐的整套制度都在调整变化中。

科举也伴随武则天首开殿试、南选而发展，南方各地士子破天荒地应试中第入朝为官，科举考试越来越成为高级官员发

---

[1] 参何汝泉：《唐代使职的产生》，载《西南师范大学学报》1987年第1期。

[2] 参张国刚：《关于唐代兵募制度的几个问题》，载《唐代政治制度的研究论集》，文津出版社，1994年，第29页。

唐代粮食加工模具明器

迹的主要仕途。① 于是"五尺童子耻不言文墨"②，更兼丝路畅通，国威远扬，在"万国衣冠拜冕旒"的一片光明中，李白一句"天生我材必有用"，道出人们普遍的兴奋和信心。摆脱了门第羁绊的科举，表面上机会人人均等，造成个人价值升华的幻觉，"朝为田舍郎，暮登天子堂"的希望，把所有士人吸引向科场和

---

① 参吴宗国：《唐代科举制度的研究》，辽宁大学出版社，1992 年，第 180 页。

② 周绍良主编：《全唐文新编》卷四百七十六《词科论》，吉林文史出版社，2000 年，第 5565 页。

文坛，却又因而冷落了科学，唐代的科技发展跌入低谷，种下后来中国落后的深刻危机。[①] 现实的直接危机，产生在长期的拓边政策改变的政治地图中，引发了新的对外关系和民族关系冲突。唐军终于在与大食、吐蕃的中亚争夺中失利而逐步后退，乃至河陇不保，京师失陷。[②] 对南诏失抚也启开战争祸端。在隋唐影响下发展起来的周边民族，实力均已今非昔比，于是广设权力很大的节度使以应付。朝廷财力不足以支付兵募和募兵的军费，节度使借自筹的机会发展为割据势力。这内政、边患连环性的演绎终于导致安禄山叛乱，渔阳鼙鼓惊破了《霓裳羽衣曲》和李白的梦。此后的大唐王朝在林立的藩镇之间勉力支撑，加上不断的派性党争和宦官之祸，中晚唐王朝在人们心中完全褪去了往日大唐的光彩。

其实，打破了表面的一统天下，优秀人才流向地方藩镇幕府，未尝不是个人和地区发展的一种新机遇。经济上，南方正是在这时赶上又超越北方而改变着中国的经济地图。先秦以来封闭的都城制度也被冲破，打开了坊墙的阻隔。从洛阳、扬州开始，建设十里八里长街商业区的势头一发不止。汉唐之际延

①　参拙文《试论为唐代文学的繁荣付出了牺牲科学的代价》，载《陕西师范大学学报》1996 年第 2 期。

②　参王小甫：《唐、吐蕃、大食政治关系史》，北京大学出版社，1992 年。

续千年的重章句训诂的汉学，向人文色彩较浓的宋学转化，现出了苗头。[①] 奴婢劳动退出生产领域。没落的门阀后裔视为命根子的谱牒之学，大兴一时后终于被视同敝屣，先天以后官方不屑再修造官谱[②]，以至有"自五季以来，取士不问家世，婚姻不问阀阅，故其书散佚，而其学不传"[③] 之说。进士及第而免役的衣冠户取代门阀士族，成为宋代官户的前身。[④]

武则天继隋炀帝之后改进了进士制度，也为这个历史转折起了重要的推动作用。关于武则天政治，我在写面向 21 世纪课程教材《中国历史隋唐宋卷》的隋唐五代政治史时，专门写了一段《武则天的崛起与革唐为周》讲到王皇后—长孙无忌集团的覆灭，她的胜利，摧垮了控制中央政权一个世纪的关陇集团，"武则天不同凡响地以关陇集团和门阀制度挽歌手的姿态，跃上政坛"。

---

①　见邓广铭：《略谈宋学》，载《宋史研究论文集》，浙江人民出版社，1987 年，第 1—19 页；吴宗国：《唐代的特性》，载《中国唐史学会论文集》，三秦出版社，1989 年，第 1—10 页。

②　唐长孺先生认为唐代官修大型姓氏书只有贞观、显庆、先天三种，以后不再有官修之举。见氏著《魏晋南北朝隋唐史三论》。

③　[宋]郑樵：《通志》卷二十五《氏族略》，中华书局，1987 年，第439 页。

④　张泽咸：《"唐宋变革论"若干问题的质疑》，《中国唐史学会论文集》，三秦出版社，1989 年，第 23 页。

而后《唐高宗武则天二圣时期的政治》，讲至唐高宗去世为止的二十四年里，武后垂帘听政，形成皇帝皇后二人共同执政的局面。

二圣时期最重大的社会政策，是修订《姓氏录》和发展科举制。《姓氏录》真正以仕唐品官高下为准，凡得五品官者皆升士流，而以后族为第一等，"百官家口，咸预士流"①，彻底否定了传统的门阀标准。每年录取进士的人数比贞观时有成倍增加，这都符合社会向后门阀时代转变的历史潮流。上元元年（674）武则天称"天后"以后四个月，"建言十二事"，提出劝农桑、薄赋徭、息兵、广言路等主张，俨然是一份笼络百官和民心的政治纲领。其中"父在为母服齐衰三年"一条，大胆且成功地突破皇帝可以改法不能改礼的陈规，改先前父在为母服一年丧为三年丧，作为新的礼法定规，一直被后代继承，是武则天提高妇女地位的一次成功努力。

《则天朝武周革唐命》，讲从嗣圣元年（684）武则天以皇太后身份亲政起，至神龙元年（705）五王政变为止，武则天当权的二十一年的政治，包括前期武则天作为皇太后临朝和后期武则天自己做皇帝两个阶段。武则天临朝称制，激起失意官僚和李唐宗室两次起兵反抗。光宅元年（684）李敬业组织十万

---

① 见咸亨二年（671）唐高宗诏书。

人马在扬州叛乱，骆宾王为他起草了檄文，用不实之词声讨武则天秽乱春宫，狐媚惑主，杀姊屠兄，弑君鸩母种种罪行，声称"请看今日之域中，竟是谁家之天下"！武则天派李孝逸率三十万大军走运河前去镇压，仅四十九天扬州叛乱平定，"海内晏然，纤尘不动"。垂拱四年（688）李唐宗室王策划起兵，博州刺史琅邪王李冲仅七日就败亡，三天后其父越王李贞在豫州举兵，也仅二十天便失败。

扬州起兵时，裴炎在朝中要挟太后返政，武则天立即将他下狱处死，并盛开告密之门，任用酷吏，实施长达十四年的恐怖政策，以滥刑压制了政治上的反对派。其间在镇压宗室起兵后，大规模绳治李唐宗室王公，诛杀之余，唐高祖、唐太宗、唐高宗三代皇帝的皇子，仅存武则天亲生的两个，李显还流放在房州（今湖北房县），李旦虽名为皇帝，实软禁在别殿，再无人能构成对武后权力的威胁。以唐家老臣自居的大臣们也遭到沉重打击，在武后临朝称制的六年半中，二十四名宰相被贬杀的超过三分之二，朝臣中也不再存在一个反武的轴心。于是在690年的重阳节，六十七岁的武则天正式登基，建立大周朝，改元天授，做了中国历史上唯一真正执掌权柄的女皇帝。当时把这改唐为周的事件称为"革命"。

政治上，她继续发展科举和破格用人的政策，首创"殿试"，亲自面试考生；又开武举，选拔军将。开元名相姚崇、宋璟等都是她这时发现提拔起来的，所以有"当代谓知人之明，累朝赖多士之用"的赞语。

边政和民族事务上，长寿元年（692）收复了安西四镇，她宽容了突厥对自己的无理，给谷种四万斛，杂彩五万段，农器三千事和铁四万斤，支援突厥生产，还建立了和亲关系，为天宝初年突厥再次来归打下基础。万岁通天二年（697），在突厥配合下平定了严重侵扰河北的契丹。

农民的经济生活环境比较宽松，商人的地位有所提高，尤其是对从均田制下土地严重不足的狭乡游离出来的逃户，逐渐改变了以往当作罪犯强制递还本贯的做法，既鼓励回乡，给予发还田苗、豁免课役等种种优待，也允许就地落为编户。由此开始形成承认客户的政策，保护了数量巨大的劳动生产力，到唐中叶，客户成为与主户同样重要的两税户。武则天对逃户比较放任和宽容的政策，"或许是我们揭开当时经济振兴之谜的关键所在"。王炎平先生认为这个观点对于解释唐代历史发展有一定价值，批评我在书中没有展开评论。于是我又著文《均田——逃户／括户——两税——以逃户问题为中心评价武则天时期的经济政策》，分析脱籍而不脱产的大多数逃户，作为真正意义上的自耕农，对生产力向广度发展和从均田到两税过渡起的积极作用，由此来解释唐初社会经济发展。

总而言之，则天朝时期虽官场内因酷吏政治造成严重不安，民间的生产生活秩序还比较稳定，没有成规模的农民战争，全国计帐人户由武则天从政前永徽三年（652）的三百八十万户，到武则天统治结束时神龙元年（705）的六百一十五万户，平均每年增长百分之零点九一，社会经济比起贞观时代有全面进步，为其孙唐玄宗在她身后八年上台后不久就建成开元治世奠下基础。

则天朝最大的错误是纵容告密和滥用酷刑，实施长达十四年的恐怖政策。

事情开始于684年二月中宗被废后数日，有十余名禁军的飞骑聚饮时发牢骚：早知道没有勋赏，不如拥戴中宗。其中一人出首告发，武则天授他五品官，将其余十几人捕杀。告密之风由此而兴。当时规定："有告密者，臣下不得问，皆给驿马，供五品食，使诣行在。虽农夫樵人，皆得召见，廪于客馆，所言或称旨，则不次除官，无实者不问。"造成"四方告密者蜂起，人皆重足屏息"，"一人被讼，百人满狱"，"囹圄如市，朝廷以目"的恐怖局面。连被倚为"国老"的狄仁杰也下狱，险遭酷吏杀害。但狄仁杰和魏元忠等社稷重臣，最后都得到武则天救免。统治巩固之后，周兴、丘神勣以下著名酷吏和数百罗织之党，陆续被处置，万岁通天二年（697）酷吏来俊臣被处极刑，标志漫长的酷吏政治结束。

圣历元年（698），武则天又复立庐陵王李显为太子，平息了武姓侄子武承嗣、武三思争当嗣君引起的风波，安抚了以狄仁杰为首的众多不忘唐朝的官员。

佛教、道教被武则天刻意用来作为辅助统治的工具。她本人从小跟随信佛的母亲受到佛教文化的熏陶，咸亨三年（672）她作为皇后捐脂粉钱两万贯助建大卢舍那像龛，将洛阳龙门石窟的建造推向高潮。通高十七点一四米代表光明遍照的报身佛卢舍那像宏伟端丽，时时提醒着人们武则天的存在。登基前，武则天自创"曌"字为名，其意即天空中的日、月神卢舍那，又将僧怀义等送来的《大云经》颁示天下，为她以女身主天下，从佛经上找依据。即位后又连续用"金轮圣神皇帝""越古金轮圣神皇帝""慈氏越古金轮圣神皇帝""天册金轮圣神皇帝"等四个佛教转轮王尊号称呼自己，表示自己是梵天王下生统治人间的世界大王。慈氏为弥勒佛，又散布"弥勒出现，国土丰乐"的理想。现实和理想之间差距太大，于是武则天后来又搞观音崇拜，慈悲为怀的观音菩萨，在中国由原印度的男相转为女相。但为崇尚佛教和宣扬本人功德权威，她修明堂、天堂，铸天枢、九州鼎，耗费巨大，劳民伤财。

《五王政变》一节分析武则天最后的失败下台。由于实行酷吏政治，武则天与其臣僚之间产生互不信任的深深裂痕，结束滥刑之后，这裂痕也不能完全弥合。政治上不免孤独的武则天在北门学士之后只得使用一些面首男宠为亲信。先是僧怀义、御医沈南璆，以后是张易之、张昌宗兄弟。武则天将政事多委张易之兄弟，他们干预了复立庐陵王为太子等大政，形成一股政治势力，连武承嗣、武三思等贵戚重臣都恭候易之门庭，争执鞭辔。二张势倾朝野，长安元年（701），太子李显的长子邵王李重润同妹妹永泰公主、妹夫魏王武延基，私下议论张易之兄弟恣入宫中和干政之事，就都被处死。长安三年（703）魏元忠也因斥张氏兄弟为小人被罢相远贬。张易之兄弟贪赃不法，长安四年（704）一起下狱，武则天不许治罪，反而把主审官韦安石、唐休璟两位宰相放为外官。当年年末张昌宗引术士占相被告发，下狱后武则天又特赦赦免。

法律不能解决二张问题，人们感到滥刑又要来了，终于在神龙元年（705）正月爆发了一场军事政变，宰相张柬之和右羽林大将军李多祚等率兵从玄武门突入宫中，斩张易之、张昌宗，武则天被迫传位给唐中宗。这场推翻武则天的政变，为首的张柬之等五人事后都被封王，史称"五王政变"。我非常强调，政变的原因是当年那场驱之不散的滥刑噩梦。一生成功的武则天不得不为自己过去的错误而面对最后的失败。她这样一个一生追逐权力的政治人物，失掉皇位是无法忍受的痛苦，软禁中，心境极坏，无心打扮，一下子露出八旬老妪的衰老相。唐中宗见了大为吃惊，深感愧对母亲。当年十一月，武则天凄凉地老死在洛阳上阳宫。

在近年活跃的武则天研究气氛中，我们还感到有一种难以有突破性进展的困惑。相信随着时代的进步，陈寅恪先生奉为人生圭臬的"独立之精神，自由之思想"将成为人们普遍的生活享受，当史家能够充满时代关怀，自由地耕耘在史学这片只讲真话的净土时，史学会有日新月异的进步。就《武则天》这个题目而言，中国男尊女卑的不平等观念根深蒂固，为了杜绝再出女皇帝，旧史学绝不会允许武则天在历史上史实有正面的评价。要把颠倒的历史颠倒过来，恢复其被太多篡改和淹没的真面目，是太难了，也太有意思了。我们只能一点点求真，武则天应是一个很好的历史课题，有着令人鼓舞的前景。

# 附　记

对武则天的研究，是在北京大学求学时开始的，是有幸在汪籛教授鼓励和指导下做的。

北大历史系本科是五年制，自 1959 年入学中国古代史专业，1962 年大四时，我分在隋唐史专门，就在汪先生家听隋唐史课，并在汪先生和陈仲夫先生指导下做学年论文和毕业论文。

给我的学年论文题目，是注释《旧唐书·姚崇宋璟传》，一年下来，虽然把《姚崇传》的每一个词都注出来了，可是对姚崇的历史贡献并没有认识。听了汪先生的课，从姚崇解决武则天晚年政坛上遗留的导致政变迭出的问题，稳定政局，开创了一个全新的中国历史上最为人称道的时代，才认识了这位开元名相的作用，悟到要开阔视野，从历史长河面临的问题里，研究历史人物作用的研究方法。

五年级写毕业论文，我自己选的题目是《武则天》。后来才知道，那时他在中央党校讲了唐太宗、武则天，唐太宗讲得很全面，而武则天主要讲废王立武事件，后面的内容比较简略，大概是想知道我会怎样写武则天，当时他便点头同意了。

当时学校晚上十点统一熄灯，论文稿在继蜡烛之后又耗用了四斤煤油的煤油灯下完成。内容正好是接着废王立武之后的事写到去世，很默契地把汪先生研究清楚的阶段放过去了。自己的得意之笔，就是把五王政变的远因，归于当年的酷吏政治，借以讲述一个一切政治行为都会有回馈报应的事理。写好后拿给汪先生看，先生在四万字的论文稿上只改了四个字，"不用考证"改为"不用详加考核"，写了很称赞的评语（见附汪先生所写评语印件），并在历史系传说。

1965 年春节，毛泽东和毛远新有个春节谈话，说到北大历史系 64 级有个学生，大意是平时考试成绩不在意，毕业论文最好，这个学生会念书。我和李纳、毛远新都相熟，在北大历史系和李纳是同班同组的，中学时又和毛远新一起在乐队。其实谁也不明白，我当时那样写武则天的错误，心里想的是斯大林。我把他身后被一纸秘密报告打倒的事，和他当年大搞肃反联系起来："当年的武则天起来反对现在的武则天了。那把当年很好用的刑刀为现在的武则天君臣关系中刻下一条深深的裂痕。"这里说刀，是呼应那时老人家说的"两把刀"，他不高兴丢了斯大林那把刀。如果当时真能看到我写的武则天，看明白那层意思，对要不要发动"文化大革命"有个考虑，就好了。

接着我在 1964 年上汪先生的研究生，入学第一次谈话，汪先生要我读陈寅恪先生的书，写读书报告。至于研究生的毕业论文，说用这篇就可以了，嘱把文字好好改一改。

有意思的是，1980年初，我刚归队数月，在西北大学评讲师开会时，刘伯鉴跑出来问我，有没有写好的文章，拿到会上去看看，说没发表的也行。我找出写姚崇的那篇学年论文给他，就是后来发的《开元名相——姚崇 附：〈"十事要说"考〉》①一文。不一会儿他就告诉我，通过了。1994年我在陕西师范大学越过副教授，直接评了教授职称，申报材料中最主要的就是《武则天本传》。书的基础，自然是本科的毕业论文。所以有时候上课，我会自我调侃，武则天当才人，十几年没升一级，可见她当时在唐太宗后宫，并不得宠；我当讲师也是十几年没进步，和她一样，混得不好。不过也告诉学生，以我两次评职称的经验，不要把大学本科论文不当一回事，要认真写，可以写好，到时候就有好运了。

附记再往下写，笔下变得沉重，想着只活了五十岁的汪篯先生。他教我时，我才是个刚二十出头的"四零"后，现在我已过古稀之年，而老师离开我们将近半个多世纪了，等他到百年冥寿之时，我能拿什么告慰他？不知道。我依稀感觉，如果他在，唐史研究现在的局面有望改观，至少能带出一批比我有

---

① 载《汉唐文史漫论》，陕西人民出版社，1986年。

汪先生对论文的评语

出息的学生。可是他早就不在了。1998 年的第六次全国史学大会上，我说到老师和老师的老师陈寅恪先生的可悲境遇，在大会发言中，当场质疑主报告对半个世纪的学术环境和学术成果的赞誉。文章都不能写，活都活不下来，真话不能讲，不敢讲，还能有什么"伟大丰硕的成果"！

"唐史界一朵最有希望的花，凋谢在北大的燕园。"汪先生是"文革"中第一个自杀的北京大学教授——"文革"中，光北大历史系，自杀的还有翦伯赞（夫妇）、向达、李原、吴维能和两次自杀大难不死的俞伟超——当时告诉我们，汪先生是服安眠药死的，不久前知道，是服 DDVP（敌敌畏），痛死的惨状不忍言传。中国文人的劫难，自焚坑以来，竟如此延续了两千多年，到"文革"是个头吗？好像不是。所以我不能没有这样的想法："但愿所有跟我学隋唐史的学生，我的已经在北大历史系读完隋唐史博士的女儿，和已经出生的希望未来也接班做隋唐史的可爱外孙女，将来再不用带着愤怒流着眼泪写这样沉重的文字；但愿她们再不会有我没能活下去的老师汪篯先生，以及没能工作下去的老师的老师陈寅恪先生这些祖师们的噩梦。谁和我一起来祈祷呢？"[1]

于陕西师范大学三过书屋

---

[1]《汪篯之死》,《历史学家茶座》, 2009 年第四辑。